深圳校园足球这十年

黄镇敏 著

广东高等教育出版社
Guangdong Higher Education Press
·广州·

图书在版编目（CIP）数据

深圳校园足球这十年/黄镇敏著．--广州：广东高等教育出版社，2024.12．--ISBN 978-7-5361-7860-1

Ⅰ.G843.92

中国国家版本馆 CIP 数据核字第 2024W15R01号

SHENZHEN XIAOYUAN ZUQIU ZHE SHI NIAN

出版发行	广东高等教育出版社
	地址：广州市天河区林和西横路
	邮政编码：510500　电话：(020) 87553735　87551436
	http：//www.gdgjs.com.cn
印　　刷	广州小明数码印刷有限公司
开　　本	787 mm×1 092 mm　1/16
印　　张	11.25
字　　数	264 千
版　　次	2024 年 12 月第 1 版
印　　次	2024 年 12 月第 1 次印刷
定　　价	35.00 元

序言

2014年11月26日，全国青少年校园足球工作电视电话会议召开。这标志着我国青少年校园足球工作由国家体育总局负责转变为由教育部牵头主管。十年里，以“立德树人”为根本任务，通过开展校园足球进而扩大足球人口，最终带动校园体育发展的全国青少年校园足球工作开启了新的篇章。

深圳，作为改革开放的前沿阵地，始终秉持着敢为人先的精神。深圳，作为全国青少年校园足球改革试验区，在校园足球的发展上，同样展现出了这种精神。十年磨一剑，在深圳校园足球这片改革的沃土上，以其独特的魅力和坚忍的精神，书写了辉煌的篇章。《深圳校园足球这十年》不仅是对过去十年深圳校园足球的深情回顾，更是对未来发展的深刻启迪。

作为长期报道中国学校体育的一名记者，十年间，本人见证了我国青少年校园足球在教育部牵头主管校园足球工作后，将“立德树人”“以体育人”作为根本任务和目标，在学校体育改革开放、扩大足球人口、带动校园体育发展方面做出的努力和取得的成就。十年间，本人同样见证了深圳校园足球的发展，参与了深圳市多层级校园足球的规划和培训等工作。尤其是2018年，在本人的策划下，中国教育报刊社和深圳市教育局携手，举行了“改革开放40年学校体育座谈会”，不仅回顾了我国学校体育改革开放以来40年的发展历程，还对深圳学校体育以及校园足球工作进行了梳理、总结。2023年，在广东省教育厅的支持下，本人组织人民日报、新华社、中央人民广播电视总台、光明日报、中国青年报、工人日报、中国教育报、中国体育报、中国学校体育等中央媒体采访团，对广东省广州市、东莞市、深圳市三地开展了深入采访，这也是中央媒体对广东省学校体育工作的一次集中调研。三地尤其是深圳学校体育工作给中央媒体留下了深刻印象，媒体也以高质量、大篇幅的报道，对深圳等地的校园足球工作给予了高度认可与肯定。

深圳校园足球不搞形式主义、不搞花架子，而是在学校体育常规工作中增加体育课时，强化足球教学。创新校园足球班级联赛三级体系和全员竞赛体系、实施“飞行检查”来保障学生体育活动时间等措施给本人留下了深刻的印象。本书不仅记录了深圳校园足球这十年的改革历程，更有校园足球普及发展的具体策略，值得其他地方参考借鉴。

一、准确定位，推动改革

我们看到了深圳市教育行政部门对校园足球的准确定位：坚持“普及”和“育人”的核心理念，将校园足球作为推进素质教育、引领学校体育改革创新的突破口和抓手。从“金牌战略”到全员参与，从关注竞技成绩到关注学生身心健康，深圳校园足球的每一次转变，都体现出教育行政部门对教育本质的深刻理解和对学生全面发展的执着追求。

二、课内外结合，优化教学

本书通过丰富的案例和翔实的数据，展示了深圳校园足球如何通过“学、练、赛”一体化的教学模式，将课堂教学与课外活动紧密结合起来，让学生在享受足球乐趣的同时，掌握运动技能，培养终身体育的意识。

三、创新竞赛，全员普及

本书对深圳校园足球竞赛体系的创新进行了深入剖析。校园足球班级联赛和单项技能比赛，让每一个学生都有机会参与足球竞赛，体验团队精神，享受竞技快乐。这种全员参与的竞赛模式，为全国校园足球的发展提供了宝贵的经验。

四、加强督导，落实保障

深圳市在保障学生体育活动时间上的做法，体现了教育行政部门的责任担当。例如说，通过“飞行检查”确保学生每天“校园体育一小时”的落实，为校园足球的普及提供了坚实的时间保障。

五、立德树人，过程育人

校园足球在深圳市不仅仅是体育活动，更是一种教育手段。本书详细陈述了深圳市在校园足球班级联赛等活动中贯彻立德树人的理念，培养学生的规则意识、团队精神和竞争意识方面的措施与实践。

六、足球引领，体质提升

校园足球带动了校园篮球、排球、乒乓球、跳绳和啦啦操等项目的普及发展，深圳市中小学校常年开展面向全体学生的校内竞赛活动，学生体质健康水平逐年稳步提升。

七、普及促进提高，竞技水平提升

深圳校园足球在普及的基础上，竞技水平也得到了显著提升。本书列举的一系列成绩，充分证明了深圳校园足球在人才培养和竞技水平上的双丰收。

《深圳校园足球这十年》是一部值得教育行政部门、校园足球特色学校管理人员及学校体育教师阅读的著作。它不仅记录了深圳校园足球的发展历程，展示了深圳教育人的担当精神和创新意识，还介绍了深圳教育行政部门校园足球改革试验的具体策略和各特色学校的经验，将为其他地方校园足球的发展提供有益的借鉴和启示，让更多的孩子在足球的陪伴下健康成长，让校园足球之花在全国各地绽放。

《中国教育报》李小伟

2024 年 9 月 9 日

前言

弹指一挥间，教育部主管校园足球工作已整整十年。十年前，全国青少年校园足球工作电视电话会议在北京召开，时任中共中央政治局委员、国务院副总理刘延东出席会议并讲话。她指出，发展校园足球，是一项重大而紧迫的战略任务：发展校园足球是成就中国足球梦想，提升国家软实力的基础工程；发展校园足球是促进青少年全面发展，培养践行社会主义核心价值观的重要途径；发展校园足球，也是深化学校体育改革，推动健康中国建设的有效抓手。从 2013 年 5 月起，笔者有幸在深圳市教育局体育专干和体育教研员的岗位上从事深圳市学校体育行政管理和教学研究工作，全程参与并见证了深圳校园足球这十年的蓬勃发展，感受着这份事业带来的喜悦与荣光。

长期以来，我国学校体育受竞技体育和“金牌战略”影响严重，过多关注校代表队的训练和比赛成绩，而忽视了面向全体学生的普及性校园体育活动。校园足球同样普及度不高，大多只关注校代表队的比赛成绩；校园足球竞赛体系不完善，缺乏面向全体学生的普及性竞赛活动，各级各类足球比赛基本都是校足球队队员参加；校园足球保障体系不健全，其他课程挤占学生体育活动时间的现象仍时有发生，学生参加校园足球等活动得不到应有的支持与时间保障；学生体质健康水平持续下降，近视率、肥胖率居高不下，缺乏团队精神和竞争意识。这十年，深圳校园足球经历了从初期阶段到新时代的发展历程，坚持以问题为导向，针对校园足球长期存在的重点、难点和痛点问题，准确把握校园足球定位，积极探索，勇于创新，走过了从青训竞赛到普及育人，从面向少数精英到面向全体学生，从关注竞技成绩到关注学生身心健康与核心素养培养的阶段，在明确目标定位、优化课堂教学、创新竞赛体系、落实立德树人、提升学生体质等方面，形成了鲜明的深圳校园足球特色。2017 年 9 月，深圳市被教育部评定为“全国青少年校园足球改革试验区”，成为广东省乃至全国校园足球改革发展的排头兵。这份荣誉，是对深圳校园足球发展成果的肯定，更是对未来发展方向的指引。

回顾过去十年，深圳各级教育行政部门和教研部门将发展校园足球作为落实教育立德树人和全面推进学校体育综合改革的探路工程。深圳校园足球走出了一条具有鲜明特色的普及育人之路，实施的“普及性的课堂教学 + 全员参与的校内竞赛+体育活动的时间保障”三位一体的校园足球改革试验策略取得了一定的成效，校园足球真正指向增强体质健康、提高足球技能、培育健全人格、打牢人才基础的工作目标在深圳得以实现，在推进足球普及、扩大足球人口、完善竞赛体系、优化发展环境等方面实现了跨越式发展。在此基础上，深圳市多级教育行政部门积极将校园足球的经验推广到校园篮球、排球、乒乓球、跳绳和啦啦操等项目中，全市中小学校常年开展面向全体学生的校内竞赛活动，连续多年举办校级、区级和市级校园足球、篮球、排球、乒乓球、跳绳、啦啦操等项目班级联赛及各类单项技能比赛，形成了“人人有爱好、班班有项目、校校有特色”的学校体育新格局。“人人参与”“以体育人”的校园体育活动蓬勃开展，提升了学生体质健康水平，健全了人格，培养了团队合作精神和敢于竞争、勇于对抗的意志品质，充分发挥了以体育人的作用。

本书回顾了深圳校园足球的发展历程、实施策略和重大事件，总结了全国试点（县）区、“满天星”训练营和特色学校（幼儿园）的建设成果，希望能给深圳乃至全国各级教育行政部门和各级各类校园足球特色学校开展校园足球工作提供一些参考和启示。由于时间匆忙和篇幅有限，本书无法完整呈现深圳校园足球这十年取得的成果，加上本人水平有限，难免挂一漏万、失之偏颇，有待以后补充完善。不足之处，恳请同行批评指正。

黄镇敏

2024 年 11 月 26 日

目录

第一章　深圳校园足球的发展过程 …………………………………… 1

第一节　深圳校园足球的初期阶段 …………………………………… 1

第二节　深圳校园足球的新时代 …………………………………… 4

第二章　深圳校园足球普及发展策略 …………………………………… 8

第一节　课堂教学是基础 …………………………………… 8

第二节　全员竞赛是关键 …………………………………… 20

第三节　落实时间是保障 …………………………………… 22

第三章　深圳校园足球改革试验 …………………………………… 25

第一节　深圳校园足球改革实施方案 …………………………………… 25

第二节　深圳校园足球改革试验过程 …………………………………… 30

第三节　深圳校园足球改革试验成果 …………………………………… 34

第四章　全国试点县（区）和“满天星”训练营建设路径 ……………… 38

第一节　全国试点县（区）——福田区 …………………………………… 38

第二节　全国“满天星”训练营——宝安区 ……………………………… 46

第三节　全国“满天星”训练营——罗湖区 ……………………………… 57

第五章　全国校园足球特色学校建设成果 …………………………………… 70

第一节　南山外国语学校（集团）文华学校 ……………………………… 70

第二节　福田区园岭小学 …………………………………… 73

第三节　深圳实验学校 …………………………………… 75

第四节　深圳中学 …………………………………… 78

第五节　罗湖区翠园中学 …………………………………… 81

第六节　宝安区新安中学 …… 86
第七节　福田区下沙小学 …… 89
第八节　龙华中心小学 …… 92
第九节　大鹏新区葵涌第二小学 …… 96
第十节　深圳市基建幼儿园 …… 100

第六章　深圳校园足球这十年大事概述 …… 103

第一节　实施中小学体育发展三年行动计划 …… 103
第二节　实施“飞行检查”强化校园足球保障体系 …… 106
第三节　建设特色学校，打造校园足球样板体系 …… 109
第四节　引进外籍教师，加强师资队伍建设 …… 122
第五节　举办全国校园阳光体育足球班级联赛城市赛 …… 126
第六节　全国首创校园足球班级联赛三级体系 …… 129
第七节　申报全国青少年校园足球改革试验区 …… 131
第八节　举办深圳市全国校园足球改革试验区现场展示活动 …… 139
第九节　教育部青少年校园足球工作调研 …… 142
第十节　深圳市足球专业人才海外培训 …… 146
第十一节　全国校园足球“满天星”训练营经验交流 …… 150
第十二节　参加“达能少年世界杯”足球赛 …… 153
第十三节　参加全国“学校体育这 10 年”线上交流活动 …… 155

附录　深圳校园足球这十年大事记 …… 157

第一章

深圳校园足球的发展过程

第一节　深圳校园足球的初期阶段

2009 年 4 月 14 日，国家体育总局、教育部联合印发《关于开展全国青少年校园足球活动的通知》，第一次提到“青少年校园足球”（简称“校园足球”），自此这一概念开始被熟知和广泛运用。

2009 年 6 月 10 日，在毛泽东主席题词“发展体育运动，增强人民体质”五十七周年纪念日上，国家体育总局和教育部在北京市回民学校共同召开“全国青少年校园足球活动工作会议”，研究部署开展校园足球活动的有关工作，正式拉开了全国青少年校园足球活动的帷幕。会上，深圳市成为全国青少年校园足球首批 44 个布局城市之一。随后，深圳市按照全国青少年校园足球活动工作会议的部署和要求制订了《深圳市青少年校园足球活动实施方案》。深圳市文化广电旅游体育局（简称“深圳市文体局”）和市教育局联合成立了“深圳市青少年校园足球工作领导小组”，组长由深圳市文体局党组副书记、副局长蔡明远担任，市教育局唐海海副局长和深圳市文体局韩星元副局长担任常务副组长，市教育局德育与体育卫生艺术教育处肖胜珉处长和市文体局竞技体育处陈玲处长担任副组长。领导小组下设办公室，办公室主任由市教育局德育与体育卫生艺术教育处蔡茂洲副处长、市文体局竞技体育处陈剑芬副处长、市足球管理中心李少辉主任担任。办公室设在市足球协会，由市足球协会全面负责深圳市青少年校园足球活动的开展。2009 年 10 月 14 日，中共中央政治局委员、国务委员刘延东同志出席了在山东青岛举行的全国青少年校园足球小学初中联赛开幕式和足球工作座谈会，并发表了重要讲话，对我国足球运动的发展提出了要求，在开幕式上对全国 44 个校园足球布局城市进行授牌。深圳市青少年校园足球工作领导小组肖胜珉副组长、办公室陈剑芬主任、李少辉主任参加了座谈会和开幕式，肖胜珉副组长从国务委员刘延东手中接过了国家体育总局和教育部制作的“全国青少年校园足球活动布局城市”的牌匾。2009 年 12 月 26 日上午，“2009—2010 年度深圳市青少年校园足球联赛”启动仪式在深圳市足协青少年足球培训基地举行。深圳市文体局党组副书记、副局长蔡明远，市教育局副局长唐海海出席了开幕式并给 46 所参加校园足球联赛的学校授牌，这标志着深圳市校园足球活动正式拉开序幕。

深圳市青少年校园足球联赛从 2009 年开始每年举办，参赛学校、队伍、注册参赛队员、比赛场次逐年增加，参赛运动员和参与校园足球活动的人数不断增加，学校、教练员、学生、家长参与校园足球活动的热情越来越高涨。为进一步推动深圳市及各区青少年校园足球工作的开展，2012 年 5 月，深圳市文体局和市教育局研究决定，深圳市各区体育和教育部门联合成立各区青少年校园足球工作领导小组，下设办公室（简称“校足办”），安排专人负责各区青少年校园足球活动工作，并按深圳市校足办的要求组织区级校园足球活动和开展区级联赛以及参加市级和全国青少年校园足球活动。全市 10 个区均成立了区校足办，各区还可向区财政部门申请校园足球活动经费，使校园足球各项工作有序进行，这对促进深圳市校园足球活动的开展起到了更加积极的推动作用。

深圳市青少年校园足球联赛自 2009—2010 年度开始，由深圳市文体局和深圳市教育局联合组成的深圳市校足办负责组织，比赛从每年的 10 月开始到次年 6 月结束。市教育局主要负责运动员的资格审查，对教练员、裁判员提出工作要求，确保比赛公平公正进行，并做好运动员的教育和管理，保障他们的文化课学习时间，协助活动宣传发动等。经过 5 年的努力和发展，深圳市校园足球活动氛围日渐浓厚，体育、教育主管部门给予了大力支持，学校、学生家长积极配合，逐步建立了管理较规范、经费有保障、群众基础良好的校园足球发展模式，取得了优异成绩，总体水平位于全国 44 个校园足球布局城市前列。一是赛事规模不断增大。到 2014 年，深圳市青少年校园足球联赛组别由 2 个增加为 7 个、参赛学校由 46 所增加为 120 所、队伍由 46 支增加为 180 支、注册参赛球员由 600 人增加为 2 850 人、比赛场次由 432 场增加为 1 850 场，参与校园足球活动的教练员、运动员、裁判员等超过 60 000 人。二是赛事组织获得高度认可。经国家体育总局、教育部每年评选，深圳市共获得全国青少年校园足球联赛先进单位一等奖 3 次、优秀培训单位一等奖 3 次、优秀宣传单位一等奖 2 次。三是比赛成绩稳步提高。自

2011年起，深圳市在校园足球比赛中选拔优秀球员组成市队参加全省、全国比赛，共获得省级以上男子足球比赛冠军2次、亚军3次，女子足球比赛冠军1次、亚军4次。经深圳市校园足球培养，入选国家足球队及各职业俱乐部的球员已达27人，被“中国足协希望之星”选派赴西班牙留学的球员16人。2014年，深圳2名自校园足球选拔的球员入选国家队，代表中国参加在南京举办的青奥会并获得冠军。

深圳市校足办加强培训，组织市文体局、教育局足球管理有关人员积极学习国内外先进理念，设计搭建“校园足球为塔基、青少年梯队为塔身、高水平职业足球为塔尖”的“三级金字塔式”的足球培训体系，三级模式相辅相成，紧密相连，良性循环。深圳市采取学校特招等方式，力争将校园足球优秀学生集中招入深圳市足球传统优秀学校，选派优秀教练员带队指导，采取走训和集中训练相结合的先进模式，在课余时间进行规范化训练，同时保障球员文化学习时间，实现球员体育教育素质全面发展。通过组织市内教练员、裁判员集中培训、观摩比赛，邀请国内外高水平教练员、裁判员来深圳授课指导，安排市内优秀及有潜力的年轻教练员、裁判员参加全省、全国高水平比赛等形式，加大教练员、裁判员培训力度，提高校园足球发展的配套体系水平，培育浓厚的活动氛围，奠定校园足球发展的群众基础。除进行校园足球比赛外，深圳市通过开展促进青少年足球运动的宣传、培训等活动，选拔校园足球比赛优秀球员，组建市级青少年足球队参加全省、全国比赛，在全市范围内营造浓厚的校园足球文化氛围，培养学生兴趣，提高学生家长对足球的认知度，普及足球运动知识，扩大校园足球运动群众参与面，奠定坚实的校园足球发展群众基础。深圳市鼓励条件成熟的运动员走职业化发展道路，促进深圳市足球发展再上新台阶，积极为入选深圳市队的足球运动员走职业化发展道路创造条件，尽可能为其提供参加全省、全国比赛的机会，鼓励其通过自身表现进入职业俱乐部视野。待其进入职业俱乐部后，在保留其代表广东和深圳参加全省、全国运动会比赛资格的前提下，深圳市有关部门积极与其所在学校及家长商议办理运动员转会手续，确保运动员既可以在更高水平的职业俱乐部里训练，又能够继续为深圳足球的发展贡献力量。

第二节 深圳校园足球的新时代

2014年9月，国务院召开第七次足球工作专题会议，正式明确校园足球由教育部牵头。2014年11月26日，国务院召开全国青少年校园足球工作电视电话会议，中共中央政治局委员、国务院副总理刘延东出席会议并讲话，指出发展校园足球，是一项重大而紧迫的战略任务。第一，发展校园足球是成就中国足球梦想，提升国家软实力的基础工程；第二，发展校园足球是促进青少年全面发展，培养践行社会主义核心价值观的重要途径；第三，发展校园足球，也是深化学校体育改革，推动健康中国建设的有效抓手。明确思路、改革创新，加快推进校园足球的发展步伐：一是强化育人功能，科学把握校园足球定位；二是创新体制机制，提高校园足球的普及水平；三是完善竞赛的体制，激发校园足球的发展活力；四是加强师资建设，提高校园足球的教育质量；五是完善支持政策，建立校园足球的激励机制；六是加大保障力度，增强校园足球的基础能力，确立了校园足球的科学发展理念。教育部、国家发展和改革委员会、财政部、国家体育总局等八家单位的负责人也在主会场发表讲话。这次会议的召开，标志着校园足球由国家体育总局主导转变为由教育部牵头、国家多部门联动主导，从体制上全面扭转了由一个部门主导实施的局面。事实上，党的十八大以来，为推进中国足球发展，习近平总书记做出一系列重要批示，强调振兴足球事业要从娃娃抓起，从基层抓起，从群众性参与抓起，着力增强青少年体质健康，培养青少年学生的爱国主义、集体主义和顽强拼搏的意志品质。因此，校园足球是党中央、国务院做出的战略决策，是习近平总书记部署的重要工作。从根本上讲，新的校园足球，是适应决胜全面建成小康社会进而全面建成社会主义现代化强国时代发展需要的校园足球，是“新时代青少年校园足球”。

校园足球的推广和开展，需要准确的理念导向。传统的校园足球理念认为，校园足球的开展，是为了挑选有足球天赋的学生，将其培养为优秀的足球运动员，选尖培优。然而，在全面落实立德树人根本任务的大背景下，校园足球的内涵已然得到了深化、功能得到了拓展：校园足球不再仅仅为了培养足球运动员，而且要提高学生的身体素质，提升学生的思想道德素质，促进学生的全面发展。因此，应该以什么理念指导校园足球的推广和开展，深圳市进行了探索和思考后认为，推广和开展校园足球活动，全面落实立德树人根本任务，就要变革传统的校园足球理念，转变推广和开展校园足球的工作思路，紧紧抓住“普及”和“育人”这两个核心关键词，扩大校园足球的普及度和参与面，让每个学生都有机会参与到校园足球活动中，让校园足球面向全体学生，让学生在参与足球活动的过程中享受足球乐趣，增强身体素质。同时，发挥校园足球在培养学生遵规守纪、公平意识、敢于竞争、形成科学健身方式、养成良好行为习惯等方面所具有的独特育人功能，健全人格、锤炼意志，促进青少年学生全面发展。校园足球正确的发展方向与道路是谋划、推动校园足球工作的首要前提。深圳市教育局深刻地认识到这一点，在校园足球启动之初就提出了深圳校园足球发展的核心理念，即“课堂教学是基础，全员竞赛是关键，落实时间是保障，身心健康是目标”的发展思路（见图1－1）。十年来，这个理念一直引导深圳校园足球走在一条正确的发展轨道上。这一点极其重要，校园足球如果发展方向偏离就会重蹈覆辙，在过去反复失败的老路上不断轮回。2015年3月，国务院颁布了《中国足球改革发展总体方案》，在第五部分“改革推进校园足球发展”章节对校园足球提出了五项要求与任务：一是发挥足球育人功能，二是推进校园足球普及，三是促进文化学习与足球技能共同发展，四是促进青少年足球人才规模化成长，五是扩充师资队伍。由此可以看出，深圳市教育局梳理、确立的校园足球发展理念与《中国足球改革发展总体方案》的有关要求不谋而合。

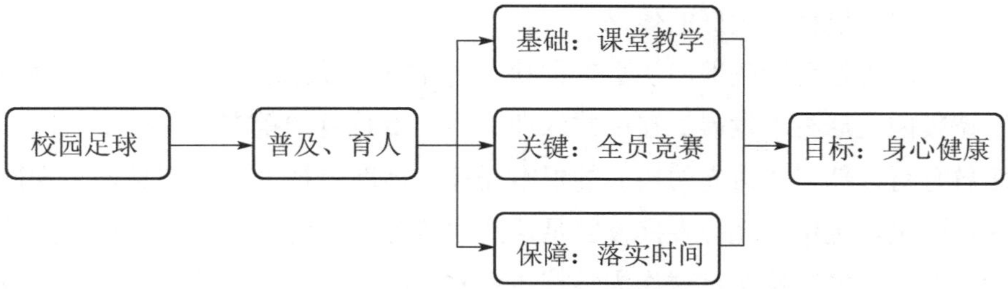

图1－1 新时代校园足球发展思路

校园足球由教育部门主管后，中共深圳市委、市政府和教育行政部门高度重视青少年校园足球工作，但从不搞形式主义、不搞花架子，而是将校园足球纳入学校体育的整体工作进行全面布局。以大力推广校园足球活动作为推进学校体育教育改革的突破口；普及校园足球，让更多的孩子享受足球的乐趣；因地制宜为每一个喜欢足球的孩子，提供一条适合他们成长发展的道路；建立和健全规范、科学有序的校园足球培养模式，进一步提高学生体质健康水平、提高学生运动技能、培养学生的健全人格。努力提高校园足球普及水平，广泛开展足球教学，把足球纳入学校体育课程教学体系，作为体育课必修内容，为学生提供学习足球的机会；精心组织各类校园足球联赛；多渠道配备师资和培训师资；加强场地设施建设，整合场地资源，特别是积极探索学校与当地社会公共体育场所共享机制，为学生提供更多的足球场地。探索激励学生长期参加足球学习和训练的机制，充分考虑片区内中小学对口升学问题，积极完善高中学校招收足球优秀学生的办法。从常规工作入手，扎扎实实抓好学校体育课与课外锻炼。开足开齐体育课，在确保国家规定的体育课时的基础上，小学三至六年级和高中阶段每周增加一节体育课；科学安排体育课内容，加强校园足球等重点项目的技能教学，注重运动兴趣和技能培养，切实提高体育课教学质量；将“校园体育一小时”列入教学计划，列入作息时间安排，与体育课教学内容相衔接。为了切实保证学生参加校园足球活动的时间，深圳市教育局实行了校园体育一小时“飞行检查”制度。同时，深圳市教育局将校园足球作为落实立德树人、推动学校体育改革的突破口和重要抓手，大力推动校园足球运动普及，促进青少年身心健康、体魄强健，并将校园足球的经验推广到校园篮球、排球、乒乓球、跳绳和啦啦操等项目中。深圳市青少年校园足球通过不断创新、反复探索，在全员普及、立德树人、竞赛体系、课堂教学和保障措施等方面形成了可复制、可推广的有益经验，取得了较好的效果。

深圳市教育行政部门认真贯彻执行党的十八大、党的十九大有关精神，坚持校园足球科学发展。在中共深圳市委、市政府的重视和支持下，深圳各级教育行政部门坚持立德树人的根本任务，高度重视发展校园足球，准确把握校园足球定位，充分发挥校园足球的独特育人功能，大力推动校园足球运动普及，将发展校园足球作为学校体育改革的着力点和突破口，引领学校体育改革创新。各级政府部门在健全校园足球组织机构、培养和引进优秀足球师资、整合优质社会足球资源进校园、加大校园足球财政投入等方面，全力提供服务和保障，有效促进了校园足球的普及和发展。

深圳校园足球的普及和发展得到上级部门的肯定和认可。广东省教育厅于 2016 年 10 月组织专家对全省各地市校园足球开展情况进行了专项调研，专家组对深圳的校园足球工作给予了充分肯定，推荐深圳代表广东省申报全国青少年校园足球改革试验区。2017 年 1 月，《深圳市教育局关于申报全国青少年校园足球改革试验区的请示》经深圳市人民政府批准后报送教育部，同时，深圳市人民政府承诺进一步加大校园足球改革发展力度，在校园足球体制机制创新、师资队伍建设、场地和设施配置、政策和经费扶持等方面给予更大的支持和保障，为推动国家足球运动发展和人才培养，促进青少年学生身心健康和体魄强健做出更大贡献。2017 年 9 月，全国校园足球领导小组办公室批准深圳设立“全国青少年校园足球改革试验区”。2017 年 12 月，分管副市长代表深圳市政府与教育部签订《全国青少年校园足球改革发展备忘录》。中共深圳市委、市政府主要领导就试验区建设做出专门批示，要求全市教育系统充分发挥校园足球的独特育人作用，大力推动校园足球运动发展。政府部门在财政投入、足球特长招生等方面予以全力支持和保障。

第二章

深圳校园足球普及发展策略

第一节　课堂教学是基础

提高校园足球普及水平，课堂教学是基础。深圳市教育局高度重视足球课堂教学改革，致力于提高足球课堂教学质量，先后推出了相关教学指导意见和“学、练、赛”一体的校园足球课内外衔接教学模式，指导深圳市中小学体育教师科学、规范、高质量地上好每一节足球课。

一、推行深圳市校园足球教学指导意见

（一）科学编制校园足球课程计划

（1）各校在编制各类教学计划时，应根据不同水平学生的实际，整体设计足球课的教学内容。

（2）根据学生的身心发展规律、足球运动技能形成规律和课程的育人特点，设计足球课的各个水平教学单元。

（3）设计足球专项运动技能的大单元教学。对足球运动项目基础知识与基本技能、技战术运用、体能、展示或比赛、规则与裁判方法、观赏与评价六个方面，进行连续 18 课时及以上相对系统和完整的教学。避免把一个完整的足球运动项目割裂开来、断断续续实施教学，或在一个时间段内教授不同项目。

（二）合理制定学习目标并选编教学内容

（1）基于核心素养制定明确的学习目标，且使学习目标明确、具体、可操作。

（2）针对学习目标和学生特点合理选编足球教学内容。教师应认真分析、选择和设计教学内容，避免孤立、静态地进行单个动作技术、单个知识

点的碎片化足球教学，注重采用结构化知识与技能教学，加强学生对足球运动项目的完整体验和理解，提高学生在足球活动或比赛情境中运用知识和技能分析问题、解决问题的能力。

（三）改进课堂教学方式方法

（1）创设多种复杂的运动情境。根据学习目标、教学进度等引导学生在足球对抗练习、足球比赛或展示等真实、复杂的运动情境中获得丰富的运动体验和认知，提高足球技战术水平和体能水平，培养学生良好的体育精神、体育道德和体育品格。

（2）采用多样化的教学方式方法。在教学中，要将教师示范讲解与学生自主学练、合作学练和探究学练有机结合，将集体学练、分组学练和个体学练相结合，引导学生积极思考、主动探索、自觉实践，培养学生分析问题和解决问题的能力及创新意识。

（3）科学设置运动负荷。每节足球课群体运动密度应不低于75%，个体运动密度应不低于50%；每节课应达到中高运动强度，班级所有学生平均心率原则上在140～160次/分。每节足球课应有10分钟左右的体现多样性、补偿性、趣味性和整合性的体能练习。

（4）运用信息化教育手段和方法。积极开发与利用多种现代信息技术，开展微课、慕课、翻转课堂等教学，帮助学生通过线下线上相结合的方式，打破学习的时空壁垒，拓宽足球课程的学习视野。

二、提出“学、练、赛”一体的校园足球课内外衔接教学模式

“学、练、赛”一体的校园足球课内外衔接教学模式，旨在解决上了十几年体育课，却一项运动都掌握不了的尴尬局面以及“无负荷、无战术、无比赛，还不出汗”的形式化体育课。“学、练、赛”既是课堂教学的三个环节，又是从课堂教学到课外活动的延伸。在课堂教学中，“学”即是由体育教师通过讲解、示范、指导、纠错等授课方式，加强学生对足球技术的学习和理解，让学生学会足球技术；“练”即是在课堂教学中每个学生必须保证一半以上的时间用于足球技能或体能练习；“赛”即是指每一次课安排的足球教学比赛，以培养学生的足球兴趣和在实战中运用足球技术的能力（见图2－1）。

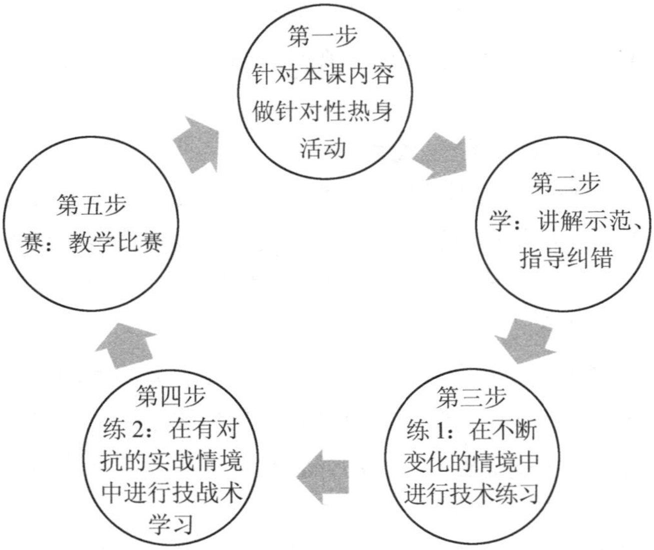

图2－1　“学、练、赛”一体的足球五步教学示例

“学、练、赛”从课堂教学延伸到课外活动方面，则是指通过课堂教学让学生学会一定的足球技术，同时，学校结合体育课教学内容常年组织面向全体学生的校园足球班级联赛和颠球、过杆、射门、踢远、踢准等单项足球技能比赛，布置体育家庭作业，促进学生课余时间及节假日自主加强练习，做到“学会”“勤练”“常赛”（见图2－2）。

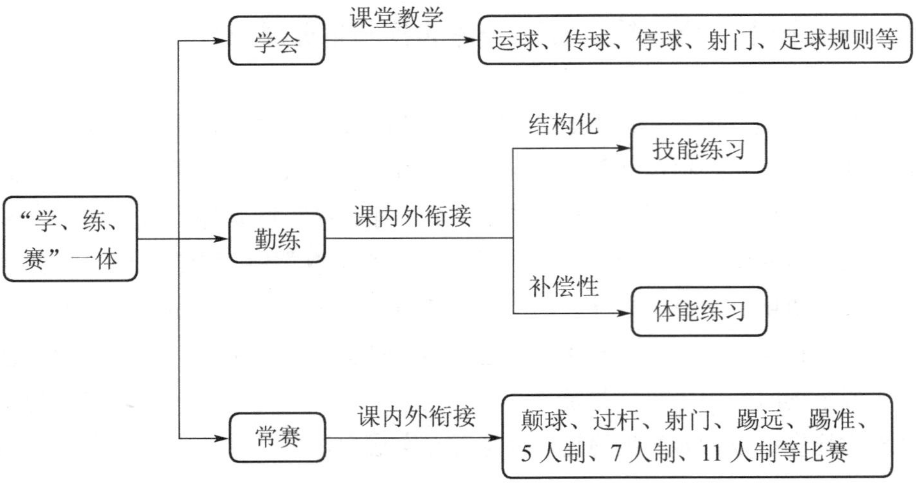

图2－2　“学、练、赛”一体的校园足球课内外衔接教学模式

这一教学模式是深入推进体育与健康课程改革发展的航标，是校园足球改革深化的有效路径，也是解决、攻克当前校园足球教育教学改革热点、难点、关注点的一把钥匙。

三、设计和实施足球专项运动技能的大单元教学

（一）水平二（或零基础）足球大单元教学示例

足球运动在激发学生的运动兴趣，提高学生的速度、力量、耐力、快速反应能力、预判能力和决策能力，培养学生勇敢顽强、遵守规则、公平竞争等体育品德方面具有独特的育人价值，还有助于培养学生的协作能力和团队精神。本单元以《义务教育体育与健康课程标准（2022年版）》为设计指南，根据学生年龄特征与足球运动特点，通过游戏、对抗与比赛等多种形式，反复学练个人基本技战术，通过小场地比赛，给学生提供实战平台，使学生建立基本的攻守思想，学会比赛，享受足球乐趣。

本单元主题为个人攻防技能学练与实战运用（见图2－3），学习目标如下：

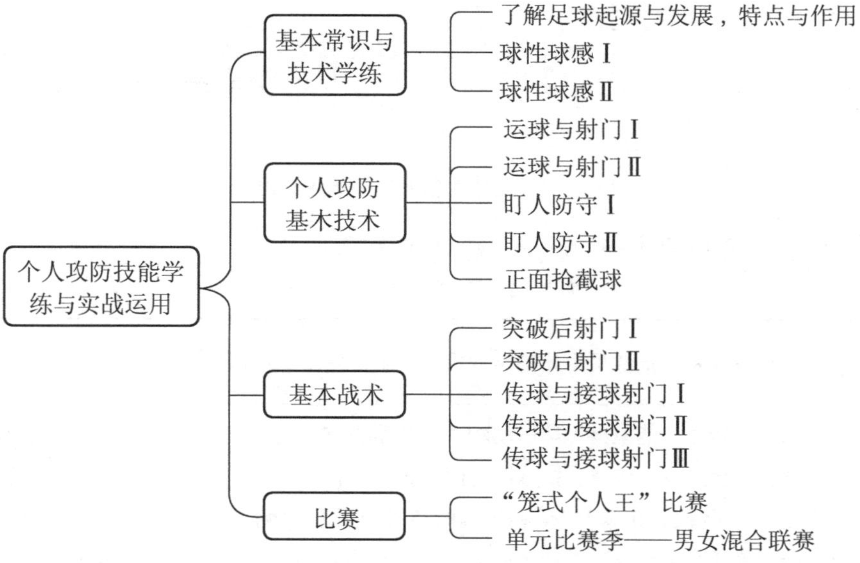

图2－3　个人攻防技能学练与实战运用

（1）做出足球项目的基本动作和简单组合动作，并在游戏和比赛中运用；能参与班级内简化规则与要求的游戏和比赛；体能水平有所提高；说出与足球项目相关的动作术语；观看不少于8次足球比赛。

（2）体验足球项目游戏的乐趣，能与同伴一起参与学练，适应新的合作环境，与同伴互爱互助，表现出稳定的情绪；能说出足球运动的一些安全知识，并注意防范运动中的安全隐患。

（3）按照足球项目的规则和要求参与游戏和比赛，在挑战自身身体极限且保证安全的情况下能坚持完成学练任务，表现出克服困难、勇敢坚毅的意志品质。

（二）足球大单元教学顺序泳道图（水平二，见图 2－4）

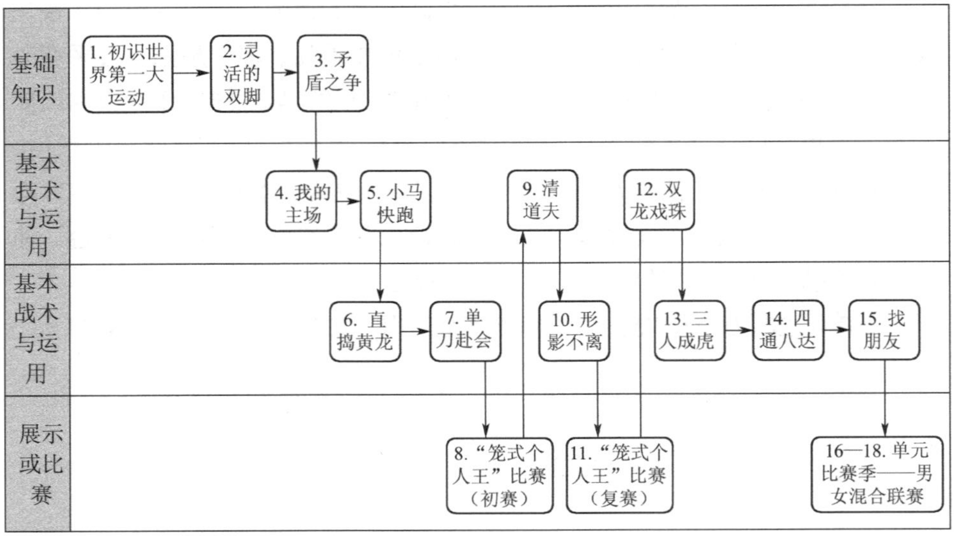

图 2－4　足球大单元教学顺序泳道图

（三）足球大单元教学计划（见表 2－1）

表 2－1　足球大单元教学计划

单元主题	在游戏和对抗情景中体验足球攻守技术，发展小场地比赛能力
学习目标	运动能力：能说出足球运动相关知识和文化；能描述所学技术动作的基本要领，学会运球、传球、接球、射门和抢断球防守等组合技术与基本战术，能连续颠球 15 次，完成 15 米绕杆运球，5 米间距脚内侧连续传接球 10 次；学会并能正确运用多种方法进行体能训练；能在小场地足球实战比赛中运用所学技战术参与班级内或班级间比赛 5 场以上；文明观赏校内外比赛，并能进行简要评价；乐于参与一般体能与基础专项体能练习，重点提高反应速度、动作敏捷性与身体协调性，体能达到相应年级《国家学生体质健康标准（2014 年修订）》的合格水平

续上表

学习目标	健康行为：积极主动参与各类足球游戏与比赛，每周进行不少于 3 次的足球运动（比赛）；做到运动前充分热身，过程中及时补充水分，运动结束后积极放松，有预防与应对赛场上可能出现的常见运动损伤的意识，了解常见足球运动损伤的处理办法，积极预防运动损伤。能乐于参与所学足球游戏或比赛的学练，在遇到失误或落后时，能相互鼓励，保持良好的情绪状态完成比赛，并乐观看待赛果，做到胜不骄，败不馁。在不同规则、要求、队友的足球游戏或比赛中，积极与同伴进行交流，共同思考比赛策略。 体育品德：在足球对抗情境和比赛中，表现出积极进取、文明礼貌、乐于助人的行为，展现出勇敢顽强、克服困难的意志品质；在比赛和裁判执裁体验中学习并遵守足球比赛规则，尊重裁判、尊重对手，学会公平竞争；有保护自己和同伴的意识，能做到互相协作，敢于担当，出现失误不推诿责任，在攻守分工中理解责任意识，在比赛和裁判执裁体验中体现自尊自信，具有团队精神和集体意识，能正确对待比赛胜负
主要教学内容	基础知识与基本技能：足球运动的起源、发展与项目特点；个人双脚运控球，短传球、接球、射门、抢截球等基本技能。 技战术运用：个人突破后射门（个人进攻战术）、传球与接球射门（两人进攻配合战术）。 体能：利用绳梯进行练习，以提高脚步灵活性与协调性；通过手势或者声音，训练学生的反应与动作敏捷能力；通过爬行、平板支撑、半蹲起跳等核心力量练习与跳跃力量练习，补偿发展上肢与躯干力量。 展示或比赛：参加 1V1 个人赛，小场地比赛（3 人制、4 人制、5 人制），单元比赛季，裁判执裁展示。 规则与裁判方法：学习五人制足球比赛规则与裁判方法，重点掌握在比赛中判断边线球、角球、球门球以及发球方；可在比赛中快速识别犯规动作，并做出合理判罚。 观赏与评价：每学期通过现场或视频观看不少于 8 场足球比赛，学生能够指出比赛中出现的本单元学习内容，并能够做出简单统计
重点难点	重点：运控、传、接、射门、抢截等基本技术；基本攻防意识；比赛实战。 难点：控制不好球，多为人球分离状态；在对抗中，无法正确使用基本技术

续上表

课次	学习内容	学练活动	比赛活动	学习表现
1	初识世界第一大运动	1. 观看最佳进球、最佳过人视频集锦； 2. 通过以图片、短片为主的形式，简单介绍古代足球、现代足球的起源以及足球运动的发展； 3. 分四组，用脚运球过“河”	1. 分四组进行观后分享，并增设知识抢答比赛； 2. 分四组，开展运球过河比赛	1. 学生对足球运动产生兴趣； 2. 了解足球运动的起源、发展； 3. 体验用脚控制足球向前推进
2	灵活的双脚	1. 热身游戏：分四组，看指令停球。 2. 技术训练Ⅰ：分四组，模仿运控球。 3. 技术训练Ⅱ：分四组，“老鹰”破坏球	分十块场地，每个场地 5 米 × 10 米，球门宽 2 米，进行 1V1 比赛，90 秒/场	1. 按照指令准确做到停球 5 次以上； 2. 能模仿他人的运控球 3 次以上； 3. 有防守压力下，学生可以保护好球权累计 1 分钟； 4. 参与 1V1 比赛至少 2 场
3	矛盾之争	1. 热身游戏：分四组，看信号带球绕圆跑。 2. 技术训练Ⅰ：分四组，踩球搬运工。 3. 技术训练Ⅱ：分四组，保护与破坏球权	分十个场地，每个场地 5 米 × 10 米，球门宽 2 米，进行 1V1 比赛，90 秒/场	1. 准确完成看信号运球至少 2 次； 2. 通过踩球技术运球至少 30 米； 3. 有防守压力下，学生可以保护好球权累计 1 分钟； 4. 参与 1V1 比赛至少 2 场

续上表

课次	学习内容	学练活动	比赛活动	学习表现
4	我的主场	1. 热身游戏：分四组，进行运球过河游戏，“河道”内有两名“鳄鱼”充当防守角色，阻拦运球过河队员。 2. 技术训练：快速带球绕圈，听指令后快速按要求带球绕圈	短距离运球后射门比赛，5 人/组，练习者距场地罚球区 4 米处快速向球门运球后射门，进球数多者为胜	1. 学生可以成功运球过河至少 3 次（练习 5 次）； 2. 80% 的学生能快速反应并按要求做出行动； 3. 学生运球能力得到逐步提高，并能顺利完成射门，5 次射门至少进球 2 次
5	小马快跑	1. 热身游戏：快速运球，在 15 米 ×15 米区域内，学生在规定时间内尽量多地运球通过小球门。 2. 技术训练：直线快速运球接力，分四组，运球距离为 10 米	追逐压力下快速运球后射门比赛，每次两人进行练习，一人先向球门运球，在规定区域内方可射门，2 秒后另一人快速回追防守	1. 学生运球能力有所提高，30 秒内运球穿越球门超过 12 次； 2. 10 米运球，脚触球次数超过 4 次； 3. 能做到运球后较好衔接射门，60% 的同学在追逐压力下可完成射门得分
6	直捣黄龙	1. 热身游戏：抓“尾巴”游戏，在 10 米 ×10 米区域内 10 ～ 12 名学生在保护自己“尾巴”的同时需尽量去抓其余学生的“尾巴”，2 ～ 3 次。 2. 技术训练：射门，运球绕四个标志杆后完成射门	4V4 小场地四球门比赛，在 15 米 ×15 米区域的边线上设置四个 3 米 ×2 米的球门，比赛时长 8 ～ 10 分钟，每队攻守各两个球门，学生成功完成 1V1 突破并射门得分，计 2 分	1. 学生观察能力与反应能力得到提升，游戏中至少可以抓到 3 次尾巴； 2. 80% 的学生可完成运球绕杆后射门的连贯动作； 3. 积极参加多对多的小场地足球赛

续上表

课次	学习内容	学练活动	比赛活动	学习表现
7	单刀赴会	1. 热身游戏：听指令追逐游戏，20 人均分成 A、B 两组，分别站在 2 米线处，背对背站立（坐下）。当教师做出指令，其中一人跑，另一人则追。游戏 4 ～ 5 次。 2. 技术训练：1V1 射门练习，在 15 米 ×10 米区域内，设两个 2 米 ×3 米球门，进攻队员成功运球突破射门得分，计 2 分，未突破射门得分仅计 1 分，练习 2 ～ 3 组后双方角色互换，进球最多的组获胜	4V4 小场地四球门比赛，在 15 米 ×15 米区域的边线上设置四个 3 米 ×2 米球门，比赛时长 8 ～ 10 分钟，每队攻守各两个球门，学生成功完成 1V1 突破并射门得分，计 2 分	1. 学生反应能力、速度均得到练习； 2. 学生尝试正面突破防守者后完成射门，50% 的学生可以做到有效突破并完成射门； 3. 积极参加多对多的小场地足球赛，50% 的学生会发现并选择进攻好得分的球门
8	“笼式个人王”比赛（初赛）	1. 分男、女组，全员参与，分组单循环后再进行单淘汰赛； 2. 场地规格：10 米 ×15 米	1V1 笼式足球赛，球门规格为 1 米 ×2 米；赛场无底线、边线；比赛时长为 3 分钟/场	学生可以在规则下参与比赛，并表现出勇于拼搏、不畏困难的体育精神
9	清道夫	1. 热身游戏：老鹰破坏球，15 米 ×15 米区域内共 20 名学生，设 4 名无球队员为老鹰，其余持球队员为小鸡，老鹰对小鸡的球进行破坏。3 ～ 4 次，角色轮换。 2. 技术训练：1V1（底线得分），8 米 ×8 米区域内共 10 ～ 12 名学生，分两组，一一为伴进行 1V1 的攻守，突破至对方底线得一分，成功抢截球一次也得一分，最后得分最多者视为获胜。每组 1 分钟，练习 3 ～ 4 组	分十块场地，每个场地 5 米 ×10 米，球门宽 2 米，进行 1V1 比赛，90 秒/场	1. 学生初步掌握正面防守的基本要求与原则，充当老鹰角色时成功破坏 10 人次的球； 2. 1V1 防守时，可完成 5 次以上抢截球； 3. 参与 1V1 比赛至少 2 场

续上表

课次	学习内容	学练活动	比赛活动	学习表现
10	形影不离	1. 热身游戏：3V3 手传抢球，8 米 ×8 米区域内 6 名队员均分成 A、B 两组，进行手传接球，视传球累计次数多为胜者。一分钟一组，练习 2 ～ 3 组。 2. 技术训练：1V1 盯人训练，10 米 ×10 米区域内 10 ～ 12 名学生均分成两组，两组队员一一为伴，尽量保持一臂距离，A 队员摆脱 B 队员接球后，将球运过 B 的底线视为获胜，球权被破坏则为守方获胜。30 秒后角色互换，一分钟一组，练习 2 ～ 3 组	4V4 小场地比赛，15 米 × 15 米区域内设置 10 ～ 12 分钟的比赛，要求采用人盯人防守战术，教师适当参与，分队实力应平均，球门宽度可适当增减	1. 70% 的学生能够做到人跟人防守； 2. 1V1 盯防训练时，能完成 2 次以上在对方接球 1 秒内破坏球权； 3. 在比赛活动中，60% 的学生能做到紧追进攻队员
11	"笼式个人王"比赛（复赛）	1. 分男、女组，全员参与，复赛，决出各个名次。 2. 凡是遇到平局，进行点球决胜（中场点，背对球门脚后跟射门）	1V1 笼式足球比赛，球门规格为 1 米 × 2 米；赛场无底线、边线；比赛时长为 3 分钟/场	学生可以在规则下参与比赛，并表现出勇于拼搏、不畏困难的体育精神
12	双龙戏珠	1. 热身游戏：足球高尔夫，10 米 ×10 米区域内共 8 ～ 12 人，队员传球击中 3 米外的标志桶即可得一分。根据人数可设置 3 ～ 4 个训练区，2 分钟内得分最多的队员获胜。 2. 技术训练：正面短传球，相距 8 米，持球一侧学生传球给对侧学生后跑向对方队伍排在最后一位，对侧学生接球并调整球后，同样用脚内侧将球传给对侧学生后跑向对方队伍最后一位，依次类推。2 分钟/组，练习 3 ～ 4 组	接正面回敲球后射门比赛，学生 A 传球给站桩同学 B，B 回传给前插的 A，A 接回敲球后可直接射门或调整后射门，角色轮转，以此类推，每名队员练习 4 ～ 5 次，进球队员最多的获胜并给予奖励	1. 完成传球至少 20 次，击中标志桶至少 6 次； 2. 完成准确传球 30 次以上； 3. 学生可以较好完成正面短传球；做到接回敲球后衔接射门的动作

续上表

课次	学习内容	学练活动	比赛活动	学习表现
13	三人成虎	1. 热身游戏：射击打靶游戏，场地 10 米 × 10 米，在离靶子 10 米处设置踢球限制线，在线外进行打靶，学生纵队站在踢球线上任意一点，利用脚的各个部位进行踢球射击，击中靶子的第一落点判断点数，每名队员一次机会，点数最高的队员获胜。 2. 技术训练：三角形短传球，场区为边长 8 米的三角形，A1 传 B1 后跑到 B 队队尾，B1 接球调整后将球传给 C1，再跑到 C 队队尾，C1 接球又传给 A2，依此类推。1 分钟/组，练习 4 组，根据练习人数设置多个场区	接球后运球射门比赛，距离罚球区外 3 米的无球队员接球后转身运过罚球区线后即可进行射门，传完球的队员站在无球队员的位置，依此类推，全部同学完成为一组，每人完成传球、射门 6 ～ 8 次	1. 完成 8 米准确短传次数至少 20 次； 2. 学生基本可做短距离的传、接球；接球后能根据实际情况，衔接射门动作，每名学生完成传、运、射至少 6 次，进球至少 4 个
14	四通八达	1. 热身游戏：团队手拉手传接球游戏，10 米 × 10 米区域内共 10 名学生，其中 9 人手拉手围成一圈进行脚内侧短传球练习，1 人在圈内抢球，被抢到的学生与抢球学生及时互换角色，游戏继续，2 分钟/组，3 ～ 4 组。 2. 技术训练：四边形短传球，10 米 × 10 米四边形区域，两点同时顺时针（逆时针）传球出发，围绕四边形点位进行短传球，传完球的学生需跑到传球到达的点位队伍排队，依此类推，90 秒/组，练习 4 ～ 5 组	在 20 米 × 15 米区域内，设置 8 ～ 10 分钟的 3V3 小场地比赛，教师参与，分队实力应平均，球门宽度可适当增减	1. 准确短传球至少 30 次； 2. 知道接球时往侧方停球，便于传球给下一个队友； 3. 学生短距离的传、接球完成得更好，并能够在比赛中合理运用

续上表

<table>
<tr><th>课次</th><th>学习内容</th><th>学练活动</th><th>比赛活动</th><th>学习表现</th></tr>
<tr><td>15</td><td>找朋友</td><td>1. 热身游戏：5V5 手传抢球，10 米 × 10 米区域内共 10 名队员，均分成两组进行传抢球。两分钟一组，练习 2 ～ 3 组。
2. 技术训练：2V2 盯人训练，10 米 × 10 米区域内共 10 ～ 12 名学生，均分成两组，每组练习 2 防 2，攻防角色之间尽量保持一臂距离。30 秒后角色互换，一分钟一组，练习 2 ～ 3 组</td><td>4V4 小场地比赛，15 米 × 15 米区域内设置 10 ～ 12 分钟比赛，要求采用人盯人防守战术，教师适当参与，分队实力应平均，球门宽度可适当增减</td><td>学生了解对位防守，在复杂情况下，持续盯防对手，做到一一对应</td></tr>
<tr><td>16—18</td><td>单元比赛季——男女混合联赛</td><td>1. 男女混合五人制足球联赛，四支队伍，单循环；
2. 将全班平均分成 4 支队伍参加比赛，选 4 ～ 5 名学生充当工作人员与小记者；
3. 场上始终要保持至少 2 名女生；
4. 每场比赛时长 20 分钟，上下半场各 10 分钟；
5. 赛前各队分组进行准备活动 8 分钟；赛后，安排简短采访并召开新闻发布会，8 分钟</td><td>5V5 小场地比赛（有门将）</td><td>学生在比赛中，表现自信，大胆运用平时学练的技术动作，享受比赛；学生表现出不怕困难、坚持到底的体育精神；了解比赛规则；学生们可以完成不同职责该担负的工作</td></tr>
<tr><td>大单元学习评价</td><td colspan="4">1. 能说出足球运动相关知识和文化；
2. 能描述所学技术动作的基本要领，学会运球、传球、接球、射门和抢断球防守等组合技术与基本战术；
3. 能连续颠球 15 次，完成 15 米绕杆运球，5 米间距脚内侧连续传接球 10 次；
4. 一对一比赛中能运球摆脱防守，完成射门；距球门 7 米踢定位球射门；
5. 能在小场地足球实战比赛中运用所学技战术参与班级内或班级间比赛 5 场以上；
6. 学会并能正确运用多种方法进行体能训练，提高反应速度、动作敏捷性与身体协调性，体能达到相应年级《国家学生体质健康标准（2014 年修订）》的合格水平；
7. 文明观赏校内外比赛，并能进行简要评价</td></tr>
</table>

第二节　全员竞赛是关键

党的十八大以来，党中央把振兴足球作为发展体育运动、建设体育强国的重要任务摆上日程，并把校园足球作为扩大足球人口规模、夯实足球人才根基、提高学生综合素质、促进青少年健康成长的基础性工程。为了实现习近平总书记在2018年全国教育大会上提出的“享受乐趣、增强体质、健全人格、锤炼意志”的育人目标，深圳市教育局秉承“竞赛是关键”的理念，深化深圳市“校内竞赛—校际联赛—选拔性竞赛”为一体的竞赛体系，以赛激趣、以赛促训、以赛提质。深圳市教育局确保校园足球特色学校有班级联赛，班班有球队，周周有比赛，通过年级联赛组建各个年龄组的学校代表队，特色幼儿园组织展示活动。在校内联赛的基础上，深圳市教育局进一步完善小学、初中、高中联赛。深圳市教育局组织的校园足球竞赛体系和深圳市足协组织的U系列等青少年的竞赛体系进行深度融合，在联赛的基础上进一步完善选拔性竞赛和夏令营，形成完整的选拔性竞赛体系，选拔区域内校园足球最佳阵容，搭建了“校内联赛—校际四级联赛—选拔性精英联赛”完备的校园足球竞赛体系。

校园足球普及，校内竞赛是关键。以前学校的体育比赛都是各学校运动队之间的比赛，几乎没有面向普通学生的比赛。深圳市在继续办好各个学校代表队参加的小学、初中、高中校园足球三级联赛的基础上，以推动足球运动普及为目标，积极发展校园足球班级联赛，并且创新性地建立和完善了校内足球竞赛体系。

一、校内竞赛体系

校内竞赛体系不仅有全校所有班级参加的班级联赛，也有全体学生参与的以单项足球技能比赛为主的嘉年华或校园吉尼斯比赛，如颠球、绕杆、射门、踢远、运球接力等比赛。这些比赛既有个人比赛，也有全班学生参与的集体比赛，以全班所有学生的总成绩计算班级名次。部分确实没有足球场地的学校，也可以开展校内单项足球技能比赛。另外，还有足球宝贝啦啦操比赛、足球解说、足球摄影、足球征文、足球主题演讲、足球漫画比赛等与足球相关的活动。这些比赛基本都是学生裁判负责组织，学生小记者负责宣传报道。

二、校园足球班级联赛

教育部将开展校园足球班级联赛作为遴选全国校园足球特色学校的条件之一，对未开展班级联赛的学校实行一票否决。但全国各地校园足球班级联赛基本仅限于在各个学校内举行，而深圳市建立了完善的校园足球班级联赛三级竞赛体系，即包括校级比赛、区级比赛和市级比赛。校级比赛就是各个学校每年组织开展班级之间的联赛，每个班级参与比赛的场次每年不少于 10 场；区级比赛是本行政区内各学校班级联赛中脱颖而出的各年级冠军队参加的比赛（学校比较多的行政区还会先分片区进行比赛，选拔出优胜班级再参加区级比赛）；市级比赛是各区按照一定名额派出各年级优胜班级代表队参加的比赛。深圳市级校园足球班级联赛已经连续举办了很多年。无论是在校级比赛，还是区级和市级比赛中，各参赛队的队员均来自一个班级，学籍同属一个班，平时上课也在一个班，不允许跨班联合组队。领队、教练也多是班主任、家长和本班上课的体育老师。这种竞赛体系使原来没有机会入选校队的学生也能代表班级在区级和市级比赛场上一展风采。

体育，是以身体练习为基本手段的一门学科。校园足球校内竞赛体系的建立，为全体学生参与校园足球身体练习提供了机会和平台，彻底改变了原来校园足球只是极少数人踢球，多数人只能看足球、谈足球、写足球、画足球，或者做做足球操的尴尬局面；校园足球班级联赛三级竞赛体系的建立，改变了原来各学校代表队只有十几个，最多几十个学生运动员参加比赛的局面，使参加校级、区级和市级校园足球比赛的学生数量呈几何量级的增长。目前，深圳市级的校园足球班级联赛已经连续举办八届，市级班级联赛的举办极大地推动了校级和区级班级联赛的开展。据不完全统计，深圳市每年有 400 多所中小学校组织开展班级足球联赛等校内足球竞赛活动，100 多万名中小学生直接参与校园足球单项技能比赛等活动。参赛学生的规模得到迅猛的扩展，掀起了校园足球运动的高潮，越来越多的学生踢足球、看足球、了解足球、喜欢足球，充分享受足球的魅力和乐趣，真正做到了校园足球的全员普及。

第三节 落实时间是保障

2007年，《教育部、国家体育总局、共青团中央关于开展全国亿万学生阳光体育运动的通知》和《中共中央、国务院关于加强青少年体育增强青少年体质的意见》《教育部关于印发〈切实保证中小学生每天一小时校园体育活动的规定〉的通知》，对加强学校体育工作，切实保证中小学生每天一小时的校园体育活动提出明确要求。近年来，习近平总书记在关于健康中国和学校体育工作的讲话中也明确要求：强化体育课和课外锻炼，保证学生每天一小时以上的校园体育活动时间（包括体育课、课间操和其他校园体育活动）。这充分表明了党中央、国务院和习近平总书记对强化学校体育工作，增强学生体质的重视与决心。但学校过分追求文化课分数，学校体育工作长期被“弱化”，挤占体育课和学生校园体育活动时间的现象时有发生。中小学生校内体育活动时间严重不足，已成为青少年校园足球普及发展的最大障碍，校园足球大课间、课外足球活动和校内足球竞赛等均无法开展。

为强化学校体育工作，落实“校园体育一小时”，全国各地也出台了相应政策及配套措施，诸如建立督导机制对学校体育工作定期督查，实施学校体育工作评估制度等举措。但是，目前的监督大都是以学校自评为主的上级备案制，缺乏有力的、便于操作和制度化的长效监督、检查、指导机制，导致国家规定学生每天一小时以上的校园体育活动流于形式。因此，如何对体育课与课外锻炼的落实、保障、途径和效果等进行监督，成为国家政策能否得到贯彻落实的关键点。

深圳市教育局深化体制机制改革，加强顶层设计，坚持问题导向，努力破解影响校园足球普及发展的难题，增强青少年校园足球发展活力。通过课题立项、理论研究和长期实践相结合，深圳市创造性地提出以“飞行检查”为抓手，落实每天一小时以上的校园体育活动时间，为各中小学校足球活动的开展提供时间保障。“飞行检查”为强化学校体育工作，促进校园足球普及发展提供了可供借鉴和操作的样板，创造性地解决了国家政策长期无法落实的问题，是各级教育行政部门落实国家有关规定和要求的有力抓手。

深圳市教育局一改以往工作重理念重命令而轻落实轻监督的模式，从建立监督机制入手，切实落实“校园体育一小时”，决定实施“校园体育一小时‘飞行检查’”，并于2015年初制订了关于开展校园体育一小时“飞行检查”的工作方案，成立中小学“校园体育一小时‘飞行检查’”小组对全市各中小学开展随机检查，力求在制度建设上确保学生每天一小时体育活动时间。深圳开展“飞行检查”确保学生每天一小时体育活动的具体经验如下。

一、检查内容

重点检查中小学“校园体育一小时”开展情况，具体内容包括：

（1）学校是否制订了校园体育活动工作方案？

（2）学校是否开足开齐体育课，是否存在削减、挤占体育课的现象？

（3）班级没有体育课的当天，学校是否安排一节排入课表的体育活动课或组织学生进行40～45分钟校园足球等项目的集体锻炼？

（4）学校每天是否安排大课间体育活动？

（5）寄宿制学校是否组织学生出早操、晨跑等？

（6）学校是否将学生“校园体育一小时”的时间和内容纳入教学计划，列入学校课表和作息时间表，校园足球等活动内容、时间、场地、器材等是否都有具体安排？

（7）学校是否将“校园体育一小时”方案在校内公告栏和校园网公示，是否公布市、区监督投诉电话和邮箱，接受社会监督？

（8）学校是否认真实施《国家学生体质健康标准（2014年修订)》测试，上报数据真实可靠，测试结果向家长和社会公告？

（9）学校是否将学生参与和教师组织校园足球等体育活动的情况与学生综合素质评价和教师年度考核、评先评优直接挂钩？

二、检查办法

采用现场查看、查阅资料、查看活动影像资料、随机检测及师生、家长访谈或问卷等办法。

三、组织实施

（1）各校于每学期开学后两周内将“校园体育一小时”方案（含全校

课程表、作息时间表、校园足球等项目活动内容、时间安排等）报区、市教育行政部门备案，各区教育行政部门在网上对辖区内各学校方案进行公示。各校备案内容将作为随时接受区、市教育行政部门“飞行检查”的主要依据。

（2）区教育行政部门组织常规检查。区教育行政部门按照“飞行检查”要求，不定期地组织人员到校实地进行常规检查。

（3）市教育局组织“飞行检查”。市教育局将组织检查组对全市中小学校开展随机检查。

（4）检查结果向社会公告。区、市教育行政部门将检查结果统计分析，定期进行通报并向社会公告。

四、结果运用

（1）实行检查结果公布、限期整改和奖惩制度。检查结果向全市通报并与学校评先评优、校长年度考核挂钩。对认真组织开展“校园体育一小时”、学生体质健康状况得到明显改善的学校，给予表彰奖励。对不认真开展“校园体育一小时”的学校给予通报批评。

（2）凡有下列情形之一者，学校体育工作等级评定结果为不合格，并对校长予以问责：不能保证学生“校园体育一小时”，未按国家规定开足体育与健康课，学生体质健康水平连续三年下降，未按要求开展《国家学生体质健康标准（2014 年修订）》测试和如实上报数据，在“飞行检查”中发现有弄虚作假行为。

第三章

深圳校园足球改革试验

第一节 深圳校园足球改革实施方案

为加快推进深圳市“全国青少年校园足球改革试验区”建设，提高深圳市校园足球运动发展水平，大力培养足球后备人才，促进学生身心健康发展，根据《中国足球改革发展总体方案》《教育部等6部门关于加快发展青少年校园足球的实施意见》《教育部办公厅关于加强全国青少年校园足球改革试验区、试点县（区）工作的指导意见》《全国青少年校园足球改革试验区基本要求（试行）》等精神要求，结合深圳市实际，制订本实施方案。

一、指导思想

落实党中央、国务院关于校园足球整体战略部署和习近平总书记系列重要批示精神，把发展校园足球作为加快推进健康中国建设、落实教育立德树人工程和全面推进学校体育综合改革的探路工程。以立德树人、提升学生体质健康水平为根本任务，贯彻“教学是基础，竞赛是关键，体制机制是保障，育人是根本”的发展思路，大力普及发展校园足球，不断扩大校园足球运动规模，提升青少年学生综合素养。

二、工作目标

加强校园足球改革试验工作的统筹和协调，深入推广普及校园足球；完善校园足球课堂教学、课外活动和全员参与的竞赛体系；到2020年，拟建设400所市级校园足球特色学校，全市各学校校园足球全面普及，足球教学改革更加深入，竞赛体系更加完善，条件保障更加有力；探索校园足球工作的成功经验与做法，逐步辐射拓展到篮球、排球、乒乓球、武术、啦啦操等学生喜爱且普及度高的体育项目中，大面积提升深圳市中小学生体质健康水平；充分发挥全国青少年校园足球改革试验区的示范引领作用，为全国培育可复制、可推广、见效快的有益经验。

三、实施策略

（一）完善领导机构，加强组织管理

建立以政府分管领导牵头，教育、体育、发改委、财委、共青团市委等多部门共同参与的深圳市全国青少年校园足球改革试验区工作领导小组，具体指导校园足球工作，形成齐抓共管的运行机制和校园足球联席会议制度。领导小组办公室设在深圳市教育局（德育与体育卫生艺术教育处），负责全市校园足球的日常管理工作。领导小组办公室应有专门的办公场所和专职工作人员。教育行政部门负责统筹规划、综合管理，牵头推进实施校园足球工作；体育专业部门提供技术指导、行业支持等相关服务；发展改革部门负责统筹场地设施规划与实施；财政部门负责制定推动校园足球工作的相关经费支持措施；宣传部门加大宣传支持力度，积极宣传校园足球的发展动态，营造校园足球发展的生态环境；共青团系统负责组织或者参与开展校园足球文化活动，把校园足球项目纳入共青团日常工作的活动内容；教育督导部门要将校园足球纳入教育督导指标体系，加强督导检查。各校开展校园足球工作要实行校长负责制，成立学校校园足球工作领导小组。

（二）坚持课内外结合，提升足球课堂教学水平

建立改革试验区校园足球专家资源库，指导完善深圳市校园足球教学和评估体系，建立健全足球课堂教学质量监测机制，加强教学质量监测。各级各类学校要将足球作为体育课堂教学的主要内容之一，校园足球特色学校每周最少开设一节足球课。坚持课内外结合，各级各类学校要将课堂教学与全员参与的足球班级联赛和颠球、过杆、射门、踢远等单项技能比赛相衔接，提高体育课堂教学效果和学生课外锻炼的积极性。从 2021 年起，深圳市将足球列入中考体育考试选考科目。

（三）完善竞赛体系，深入推广普及校园足球

广泛开展多样化的足球竞赛活动，形成稳定规范的赛制，构建包括校内竞赛、校际联赛、各区选拔赛和市级总决赛的深圳市校园足球竞赛体系。校

内竞赛是各校以班级、年级为参赛单位，在校内开展的竞赛活动，是推动校园足球普及的重要抓手，也是青少年学生广泛参与足球活动的基础。各级各类学校应积极开展校园足球班级联赛，建立和完善会员参与的校内足球竞赛体系，举行全体学生参与、以单项足球技能比赛为主的嘉年华或校园吉尼斯比赛，每年每个班级参与班级足球联赛的场次不少于 10 场。建立并完善深圳市校级、区级和市级校园足球班级联赛三级竞赛体系。

（四）丰富活动内容，加强校园足球文化建设

大力开展足球普及教育活动，设立改革试验区校园足球文化节，加强足球知识和足球文化教育，培育发展学生核心素养。开展各级校园足球活动的新闻宣传推广，提高全社会的关注度与参与度。搭建青少年足球运动对外交流竞技平台，树立改革试验区校园足球品牌形象。各级各类学校应组织全员参与的校园足球嘉年华活动，举办足球单项技能比赛、校园足球吉尼斯比赛、足球节、足球亲子活动、足球名人进校园等主题活动，营造浓厚的校园足球文化氛围。通过学校网站、宣传栏、校报、微信公众号等平台全面宣传校园足球工作，创办校园足球校刊、专刊，加强宣传引导，在校园内外掀起爱足球、看足球、踢足球的热潮。

（五）创建校园足球特色学校，发挥示范引领作用

认真做好全国校园足球特色学校的管理和建设，加大支持力度，加快市级校园足球特色学校的建设。统筹区域和学校类型，按高中、初中和小学 1∶3∶6 的基本比例合理匹配，适当向寄宿制学校和九年一贯制学校倾斜，到 2020 年计划遴选出 400 所市级特色学校。通过特色学校遴选，积极推动校园足球的普及，形成一批校园足球教育教学工作引领示范的典型，推动广大中小学全面普及校园足球。鼓励各区按照《全国青少年校园足球试点县（区）基本要求》，做好整体谋划和布局，并依据《全国青少年校园足球特色学校基本标准（试行）》，开展本区校园足球特色学校建设工作，形成建设梯队。

（六）有效整合资源，切实加强足球教师队伍建设

制订校园足球教师培训计划，结合实际开展多种方式的教师培训。组织开展足球教师教学竞赛、经验交流和教研活动，着力提升足球教师教学实践能力和综合职业素养。聘请国内外高水平足球专家培训校园足球教师、教练员、裁判员。多渠道配备师资，采取多种方式，配齐配强校园足球教师。制定校园足球兼职教师管理办法，鼓励专业能力强、思想作风好的足球教练员、裁判员，有足球特长的其他学科教师和志愿人员担任兼职足球教师。建

立校园足球教师专业考级培训制度，逐年分期对学校体育教师分类、分层次进行不同等级的足球精准系统培训，并颁发等级证书，努力提高学校体育教师足球专项的执教能力和水平。完善政策措施，创新用人机制，为退役运动员转岗为足球教师或兼任足球教师创造条件。建立教师长期从事足球教学的激励机制。选派部分优秀青少年校园足球工作管理人员、教师、教练员、裁判员到国外参加专业培训和交流活动。鼓励通过购买服务、公开招标等形式，聘请高水平、有资质、符合从教资格的社会体育技能人才、退役优秀运动员、专业机构或团队，按照有关规定开展足球运动训练指导、“校园体育一小时”足球活动、“四点半”活动等。

（七）以校园足球为突破口，推动学校体育改革发展

坚持顶层设计，整体谋划，将校园足球作为落实立德树人的重要途径和推动学校体育改革的突破口及重要抓手，纳入学校体育的整体工作进行全面布局。不搞形式主义和花架子，从常规工作入手，扎扎实实抓好学校体育课与课外锻炼，开足开齐足球课，科学安排体育课内容，保证练习密度和运动强度，让每个学生都得到充分锻炼，加强校园足球等重点项目的技能教学，注重运动兴趣和技能培养，使学生学会至少两项终身受益的体育锻炼项目，切实提高体育课教学质量；将校园足球作为“校园体育一小时”重点内容列入教学计划，与体育课教学内容相衔接，实行“校园体育一小时”飞行检查制度，切实保证学生每天“校园体育一小时”落到实处。将校园足球的经验推广到校园篮球、排球、乒乓球和啦啦操等项目中。深圳市中小学校面向全体学生参加的校内竞赛活动蓬勃发展。

（八）创新足球人才培养模式

拓宽足球人才培养渠道，制定有利于足球人才成长的招生政策，完善小学、初中、高中足球运动员升学招生办法，全国校园足球特色学校可以根据组建学校足球队的需要，单列计划，跨学区、降低分数线招收各年龄段足球特长生。根据高校高水平运动队和体育专业招生政策，建立以足球为特色的学生运动员培养模式。积极组织优秀运动员参加区级、市级、省级和国家级“满天星”精英训练营。建立教育、体育和社会相互衔接的人才输送渠道，为有足球天赋和发展潜力的青少年创造优质文化教育和高水平专项训练指导平台，为足球运动的发展奠定坚实的人才基础。

四、保障措施

（一）加大经费支持力度

深圳市和各区财政加大对校园足球的投入，统筹相关经费渠道对校园足球改革发展给予倾斜。探索建立政府支持、市场参与、多方筹措支持校园足球发展的经费投入机制。优化教育投入结构，积极创造条件，因地制宜逐步提高校园足球特色学校经费保障水平，支持学校开展足球教学、普及、训练和比赛。

（二）改善场地设施条件

加快场地设施改造建设，把校园足球活动的场地建设纳入本行政区域足球场地建设规划，加大场地设施建设力度，创造条件满足校园足球活动要求。鼓励建设小型多样化足球场地设施。在现有青少年培养、实践基地建设中，规划和建设好足球场地设施。在深圳市学校体育场馆向社会开放的基础上，推动社会体育场地设施向学校开放，形成教育与体育、学校与社会、学区与社区共建共享场地设施的有效机制。

（三）完善学生安全保障体系

加强校园足球运动伤害风险预防管理，制定安全防范规章制度，加强运动安全教育、检查和管理，增强学生的运动安全和自我保护意识。在购买中小学校校方责任保险和学生意外伤害保险的基础上，探索购买“校园体育一小时”专项保险或设立深圳市校园体育活动风险防范保障基金。健全学校体育工作法律支持体系，建立体育锻炼及活动项目家长知情同意制度，发挥家长委员会对学校体育工作的支持监督作用。降低学校体育工作安全风险，提升校园足球安全保障水平，解除学校和体育教师的后顾之忧。

（四）健全学生参与足球激励机制

把足球学习情况纳入学生档案，作为学生综合素质评价的参考。加强足球特长生文化课教学管理，完善考试招生政策，激励学生长期积极参加足球学习和训练。合理规划安排区域内校园足球特色学校的布局，做好足球后备人才梯队衔接，为深圳市有足球特长的学生创设持续发展的通道。

（五）完善校园激励机制

完善足球特长生招生政策。制定足球特长生认定标准和管理制度，将小学、初中、高中足球特长生招生计划单列，允许足球特长生在入学时跨学区流动。

建立足球教师激励机制。通过组织教师课外足球活动、将课余足球训练折算成课时计入工作量和教师绩效工资等方式，鼓励教师长期从事足球教学，不断提升业务能力。教师参加校园足球相关培训并经考核合格的，按相应培训学时计入教师继续教育学时。对在国家、省、市各级校园足球联赛中取得优异成绩的学校球队教练在参加评先树优、职务评聘时给予优惠政策。

健全校园足球特色校考评机制。制定深圳市校园足球特色学校评估标准，定期考评，考评结果计入校长职级制考核。对活动开展不积极、成绩不突出的学校限时整改或予以摘牌，并对有关负责人问责；对活动普及面广、成效显著的学校给予奖励。

（六）鼓励社会力量参与

深圳各区要加大规划、政策、标准引导力度，多渠道调动社会力量支持校园足球发展的积极性。充分发挥职业足球俱乐部、足球学校、体育运动学校在人才培养方面的积极作用，鼓励有条件的体育俱乐部、企业及其他社会组织联合开展有利于校园足球发展的公益活动。

第二节　深圳校园足球改革试验过程

党中央、国务院高度重视青少年校园足球工作，将发展校园足球作为落实教育立德树人和全面推进学校体育综合改革的探路工程。深圳市教育局从2014 年底由教育部门主管青少年校园足球开始，按照新时代校园足球的要求探索深圳市校园足球综合改革试验策略与实践方案。

一、问题的提出

第一，面向全体学生的校园足球教学体系缺失，校园足球普及度不高。学校体育长期受竞技体育和“金牌战略”影响严重，过多关注校代表队的训练和比赛成绩，而忽视了面向全体学生的普及性足球课堂教学。偶尔有足球课教学，内容也是蜻蜓点水式的低层次重复，往往踢球、传球、运球等单个技术教学从小学教到大学，且按照专业运动员的技术标准要求普通学生；教师在课堂教学过程中未能很好地关注学生兴趣，学生缺乏兴趣，上课积极性不高，造成学生喜欢足球而不喜欢上足球课的现象严重，教学效果极不理想；足球课教学完全与实战比赛脱节，学生没有机会参与比赛；学生从小学到大学毕业经过十几年的体育课，却无法掌握一定的运动技能，也未能培养终生参与体育运动的意识、习惯和能力。教育部从 2014 年底主管校园足球开始就要求校园足球特色学校每周最少开设一节足球课，全国多数学校仍无法落实，即使少数学校能落实，教学效果也不理想。

第二，全员参与的校园足球竞赛体系不完善，学生没有机会参与足球竞赛活动。一谈到竞赛，大家自然想到的就是学校代表队之间的比赛，各级各类足球比赛也基本上是学校足球队员参加，缺乏面向全体学生的普及性竞赛活动，未能给所有普通学生提供参与校园足球竞赛活动的机会。学生时代有机会参加体育竞赛的学生几乎是各校级代表队的运动员或者极少数有良好运动天赋的学生，对于绝大多数普通学生来说，十几年的学校生活甚至终其一生都没有机会参加各种各样的体育竞赛活动。

第三，参加校园足球活动的保障体系不健全，学生体育锻炼时间严重不足。国家规定保证学生每天一小时以上的校园体育活动时间无法落实，学生参加校园足球等活动得不到应有的支持与时间保障。2015 年 3 月，深圳市教育局成立由高校专家、体育教研员和媒体记者组成的“飞行检查组”，采取不发通知、不打招呼、不做准备，实行检查时间、地点、检查学校三随机，通过现场抽签确定检查学校的方式，对深圳市 10 个区（新区）和 15 所市局直属中小学校进行“飞行检查”。共检查了 180 所学校，约占全市学校总数的 30%。检查发现，只有 26 所中小学校能够完全保证学生每天一小时校园体育活动时间，约占总检查学校的 14.4%。其他 85.6% 的学校分别存在体育活动时间达不到一小时、大课间活动时间不足 25～30 分钟或挤占体育课等现象。学校体育工作长期被“弱化”，引起了国家和社会的高度重视，近十多年来，党中央、国务院出台了很多关于加强学校体育工作的文件和通知，均要求全国中小学校切实保证中小学生每天一小时以上的校园体育活动时间。但这些文件和通知缺乏有力的、便于操作和制度化的长效监督、检查、指导机制，使得这些规定难以落实。

第四，学校体育是整个教育事业的薄弱环节，缺乏推进学校体育改革发展的突破口和有力抓手。改革开放以来，全国学生体质健康水平三十多年持续下降，青少年身体健康素质已经明显不能跟上国家建设和社会发展的需求，近视率、肥胖率居高不下，学生缺乏团队精神和竞争意识，等等，对健康中国和中国梦的实现造成严重影响。足球作为一个集体项目，被称为“世界第一运动”，影响力大、关注度高，对于增强学生体质，培养学生团队合作、顽强拼搏、勇于竞争和对抗的精神具有不可替代的作用。

二、解决问题的过程与方法

深圳市校园足球综合改革试验策略与实践是一个从实践到理论，再到实践，再到理论的认识发展和发现问题、解决问题的过程，同时也是一个形成理论、推广运用检验理论、修正和提升理论的探索与实践过程。

（一）深圳校园足球初期阶段（2009年4月至2014年11月）

2009年4月，国家体育总局和教育部联合下发了《关于开展全国青少年校园足球活动的通知》；6月召开全国青少年校园足球活动工作会议，由国家体育总局牵头正式启动了全国青少年校园足球活动；10月，深圳市被国家体育总局、教育部授予“全国青少年校园足球布局城市”称号。深圳市按照上级要求，成立了“深圳市青少年校园足球工作领导小组”，通过“体教结合”的方式，由体育部门牵头开始实施校园足球工作。首先，在深圳市各中小学校遴选了一批试点学校，重点开展青少年足球运动员的选拔工作。其次，组织深圳市足球联赛和U系列各年龄组别的足球比赛，参加比赛的人员都是各个学校的足球队队员。最后，通过各种比赛，选拔优秀运动员组建各年龄段的训练营，组织各年龄段的优秀运动员集中训练，并成立各年龄段的深圳市足球代表队，参加全省、全国各级各类足球比赛，深圳校园足球代表队在全国各级各类足球比赛中也取得了一定的成绩。这个阶段，成果持有人结合自己十几年的学校体育和校园足球工作实践，发现校园足球普及度极低，普通学生都没有机会参与足球活动，校园足球普及和育人的作用未能得到发挥。于是，尝试在各中小学校开设足球课，举行班级联赛、足球节、足球大课间、足球校本课程等活动，探索提高校园足球普及度的策略。

（二）深圳校园足球探索和形成发展策略阶段（2014年12月至2015年8月）

2014年11月26日，国务院在北京市召开了全国青少年校园足球工作电视电话会议，中共中央政治局委员、国务院副总理刘延东参加会议并作了重要讲话，明确了开展校园足球的重要意义，提出了做好校园足球工作的主要目标与任务。这次会议标志着校园足球已从部门行为上升为国家战略，主导部门由国家体育总局转变为教育部，随之校园足球的发展理念也发生了根本性的变化。深圳市教育局结合深圳青少年校园足球工作实际，进行新时代校园足球工作研究并形成策略与方案。

（1）逐步形成了“课堂教学是基础，全员竞赛是关键，落实时间是保障，身心健康是目标”的发展思路，坚持“普及”和“育人”的核心理念，将校园足球作为推进素质教育、引领学校体育改革创新的突破口和抓手。

（2）构建了“普及性的课堂教学 + 全员参与的校内竞赛 + 体育活动的时间保障”三位一体的校园足球改革试验具体策略。

（3）研究制订了《深圳市教育局关于开展校园体育一小时“飞行检查”的工作方案》和《深圳市青少年校园足球改革试验实施方案》，借助教育行政部门的力量，督促学校确保学生每天一小时以上的校园体育活动时间，积极推进校园足球改革发展。

（三）深圳校园足球快速发展阶段（2015 年 9 月至 2018 年 8 月）

2015 年，深圳市分别有 100 所中小学校被评为“深圳市青少年校园足球特色学校”、28 所学校被评为“广东省青少年校园足球推广学校”、17 所学校被评为“全国青少年校园足球特色学校”，在这 145 所学校进行试点实践和检验，这些学校每周开设一节足球课。2016 年 9 月开始，深圳市中小学校按照“课堂教学 + 校内竞赛 + 时间保障”为主要内容的策略和实施方案广泛开展校园足球课堂教学和全员参与的竞赛活动，通过各种形式、多种渠道引导学生体验足球运动，培养足球兴趣爱好，吸引广大学生积极学练足球。2017 年，课题“深圳市校园足球综合改革试验策略与实践研究”获广东省教育研究院该年度校园足球教科研专项课题立项（“重点一”课题），在课题研究过程中，对“普及性的课堂教学 + 全员参与的校内竞赛 + 体育活动的时间保障”三位一体的校园足球改革试验策略进行不断完善。同时，探索将校园足球的经验推广到校园篮球、排球、乒乓球、羽毛球、啦啦操、武术等其他项目，推进学校体育改革发展。2017 年 9 月，教育部同意深圳市作为“全国青少年校园足球改革试验区”开展校园足球改革试验工作，并要求深圳充分发挥全国青少年校园足球改革试验区的示范引领作用，为全国探索可复制、可推广、见效快的有益经验。2018 年 6 月，全市召开了校园足球现场推进会，重点推广各特色学校和试点县区的校园足球普及经验与做法。

（1）将校园足球纳入学校体育课程教学体系，作为体育课堂教学与课外活动的主要内容，为学生提供学习足球的机会。

(2) 在校园足球特色学校（或推广学校）建立了“学、练、赛”一体的校园足球课堂教学模式。让学生在每一堂足球课中都有“学、练、赛”的环节和体验，探索课堂教学与课外活动内容紧密衔接的办法，培养学生对足球课的兴趣和积极性，提高课堂教学质效，促进学生掌握足球运动技能。

(3) 创新校园足球竞赛体系，开展全员参与的校园足球班级联赛和以单项足球技能比赛为主的嘉年华或校园吉尼斯比赛，如颠球、绕杆、射门、踢远、运球接力等竞赛活动，使全体学生都有机会参与足球比赛。

（四）深圳校园足球逐步成熟阶段（2018 年 9 月至 2024 年 12 月）

这一阶段尽管受到某些客观因素的影响，但在前期四梁八柱基本搭建完成的基础上，各项政策、措施、工作都在有条不紊地持续推进，并且取得了显著成效。深圳市成为全国青少年校园足球改革试验区后，中共深圳市委、市政府高度重视校园足球工作，基本建立起了领导重视、部门联动、基层落实、保障有力的校园足球工作机制，营造出全民关心校园足球创新发展的良好氛围；课内课外相结合，强化足球课堂教学，鼓励学生全员参与；在小学、初中、高中校园足球三级联赛的基础上，发展校园足球班级联赛，创造性地建立了校园足球班级联赛三级体系和全员参与的校内足球竞赛体系；将校园足球的经验推广到校园篮球、排球、乒乓球和啦啦操等其他体育项目中，全市中小学校常年开展面向全体学生的校内竞赛活动，形成“人人有爱好、班班有项目、校校有特色”的学校体育新格局。

第三节　深圳校园足球改革试验成果

作为“全国青少年校园足球改革试验区”，这十年，深圳校园足球以问题为导向，针对校园足球长期存在的重点、难点和痛点问题，积极探索，勇于创新，走过了从青训竞赛到普及育人，从面向少数精英到面向全体学生，从关注竞技成绩到关注学生身心健康与核心素养培养的阶段，在明确目标定位、优化课堂教学、创新竞赛体系、落实立德树人、提升学生体质等方面，形成了鲜明的深圳校园足球特色，为全国各地校园足球的发展提供了先行示范的“深圳范例”。

一、准确定位目标，推动改革发展

深圳市中小学校校园足球全面普及，足球教学改革更加深入，竞赛体系更加完善，条件保障更加有力，校园足球工作的成功经验与做法，逐步辐射拓展到篮球、排球、乒乓球、羽毛球、武术、啦啦操等学生喜爱且有利于终生体育锻炼的项目中，校园足球成为推进素质教育、引领学校体育改革创新的突破口和抓手。学生参加校园足球等体育项目的教学、锻炼和竞赛活动的机会越来越多，增强了体质，健全了人格，培养了团队合作精神和敢于竞争、勇于对抗的意志品质。深圳市充分发挥了校园足球作为全面推进学校体育综合改革探路工程的作用，也发挥了全国青少年校园足球改革试验区的示范引领作用，为全国培育了可复制、可推广、见效快的有益经验。

二、坚持立德树人，落实过程育人

教育无小事，处处是育人。深圳市充分发挥校园足球在培养学生遵规守纪、公平竞争意识、体育精神、养成良好行为习惯等方面所具有的独特育人功能，注重活动育人。全市各级校园足球活动中，许多细节令人感动：比赛时，替补席上孩子们的书包、水瓶摆放得整整齐齐，离开时，没有留下一片垃圾；每场比赛结束时，小运动员们手拉手先向对方教练员鞠躬致意，再向观众席、裁判员鞠躬致谢，最后向自己的教练员鞠躬并深情拥抱；市级校园足球班级联赛颁奖仪式结束后，近千人的场地没有一片纸屑，没有一块垃圾，所有的空矿泉水瓶整整齐齐地摆在场地的一角。校园足球活动还坚持把诚信教育和公平竞赛的精神渗透到每个细节中，在市级校园足球班级联赛每场比赛开赛前，双方队长都需要交换《深圳市校园足球班级联赛公平竞赛诚信承诺书》，承诺所有队员来自同一个教学班级，一个小小的仪式蕴含的是大大的教育。在多年的市、区两级班级联赛中，未出现任何一支球队弄虚作假的现象。在足球活动过程中，全程体现活动育人导向。

三、发挥足球引领，推动体质提升

校园足球运动在全市各中小学校普及开展，并将校园足球的经验推广到其他项目中，极大地促进了全员参与的校园体育活动蓬勃开展，提升了学生体质健康水平。据教育部反馈，深圳市中小学生《国家学生体质健康标准（2014 年修订）》测试合格率、优良率分别由 2013 年的 84.01% 和 19.68% 提升到 2023 年的 97.36% 和 60.25%。

四、普及促进提高，提升竞技水平

随着校园足球在全市各中小学的普及开展，越来越多的青少年学生喜欢参与足球运动，有效地促进了深圳校园足球竞技水平的提高。各学校足球队在国际和国内校园足球比赛中争金夺银：深圳实验学校足球队先后获得 2015 年 U15 和 2017 年 U14 全国青少年男子足球锦标赛冠军，该校高中足球队还获得 2016 年广东省“省长杯”校园足球赛冠军；翠园中学足球队先后获得 2015 年、2016 年全国高中足球联赛冠军和亚军，并获 2015 年亚洲中学生足球锦标赛第四名；深圳市福田区园岭教育集团园岭小学（简称“园岭小学”）获 2015 年“达能少年世界杯”全国冠军；深圳市第二实验学校获 2020 年首届中国中学生男子五人制足球联赛冠军；深圳市龙岗区园山实验学校获 2022 年全国女子足球 U13 锦标赛冠军；深圳市南山外国语学校（集团）科苑小学获 2024 年广东省中小学生足球锦标赛小学组冠军；深圳中学、育才二中、育才一小男子足球队和新安中学女子足球队也先后获得全国校园足球比赛冠军等。另一方面，通过普及和发展足球，为职业足球俱乐部和清华大学、北京大学、北京理工大学、华南理工大学等高校输送了一大批足球人才和苗子，真正推动了校园足球持续发展，为一些喜爱足球运动并有一定特长的学生拓宽了成才通道。

五、深圳经验，得到表彰并推广

深圳市校园足球综合改革试验策略得到了教育部的认可和表彰并在全国推广。2017 年 9 月，教育部批准深圳成为广东省第一个“全国青少年校园足球改革试验区”；2017 年 12 月，教育部田学军副部长与深圳市高自民副市长在教育部签署《全国青少年校园足球改革试验区改革发展备忘录》；2018 年 8 月，教育部批准福田区为“全国青少年校园足球试点县（区）”；2018 年、2019 年，教育部先后批准宝安区和罗湖区为“全国青少年校园足球‘满天星’训练营”；另外，全市共有 138 所中小学校获评“全国青少年校园足球特色学校”、38 所幼儿园获评“全国青少年校园足球特色幼儿园”；2018 年 11 月，教育部印发《教育部办公厅关于公布全国学校体育教学、训练、竞赛及条件保障体系建设优秀改革成果名单的通知》，深圳《深圳市落实“学生每天一小时体育活动时间”保障体系的建设》获优秀改革成果奖，并被教育部在全国推广；2019 年 1 月，深圳市教育局代表广东省在教育部组织的“全国青少年校园足球工作年度总结活动”中向教育部领导、全国校足办专家和全国各兄弟省市代表介绍深圳经验。

六、示范辐射，产生较大影响

教育部主管的《校园足球》杂志 2018 年第 4 期专门报道了深圳校园足球改革发展成果；《中国学校体育》2016 年第 7 期、2019 年第 5 期分别报道了《强化学校体育的“深圳经验”——深圳开展“飞行检查”确保学生每天一小时体育活动》《落实每天校园体育一小时　促进中小学生体质健康水平显著提升》，在全国宣传推广深圳经验；《中国教育报》《广东教育》《深圳特区报》等媒体数十次报道并推广了深圳校园足球改革试验策略和实施方案。在 2017 年 3 月召开的广东省学校体育卫生艺术工作现场会上，深圳市教育局开展“飞行检查”强化学校体育工作的经验被全省推广。深圳经验除了在深圳市所有中小学校推广实施外，还在湖北省武汉市、江西省南昌市、广东省阳江市、天津、重庆等多个地方推广实践，在全国产生了较大影响；2018 年 6 月，中国足坛资深足球评论解说员张路老师来到深圳，评价深圳校园足球：“我理想中的校园足球就是这个样子的”；2018 年 10 月，中国足球协会、全国青少年校园足球工作领导小组办公室领导在广东省教育厅邱克楠副巡视员的陪同下考察深圳校园足球，对深圳校园足球的改革试验策略和经验给予了极高的评价，并总结了“六个好”，即管得好、教得好、练得好、赛得好、融得好、办得好，并要求全国各地向深圳学习，邱克楠副巡视员希望深圳成为全省和全国的标杆；2019 年 1 月，教育部召开全国校园足球工作总结会，深圳市教育局在大会介绍创新全员参与竞赛体系的经验，被教育部在全国推广。深圳市教育局还先后十多次在教育部主办的“全国青少年校园足球骨干师资（管理干部）国家级专项培训班”和广东省教育研究院组织的校园足球宣讲活动中介绍成果和经验。

第四章

全国试点县（区）和“满天星”训练营建设路径

第一节　全国试点县（区）——福田区

2018 年 8 月，深圳市福田区被教育部评定并命名为“全国青少年校园足球试点县（区）”。深圳市福田区在推广普及校园足球运动的道路上形成了自身的特色，积累了丰富的实践经验，形成了从“踢”进课堂到“玩”出健康、“玩”出快乐的校园足球新局面。

一、指导思想

以增强学生体质，培养学生拼搏进取、团结协作的体育精神为宗旨，推动每天一小时阳光体育运动的深入开展，丰富校园体育活动内容，普及足球知识和技能，形成校园足球文化，从而培养全面发展、特长突出的青少年足球后备人才。

二、工作目标

落实足球作为中小学生的必修课，培训一批足球优秀教练和足球骨干教师，创建一批校园足球示范学校，建立小学、初中和高中三级校园足球联赛体制，培养一批足球后备人才。

三、福田区开展校园足球的多项举措

（一）加强组织领导，及时制定完善校园足球规划和工作方案

1. 加强领导

为了进一步加强校园足球工作的领导，深圳市福田区教育局成立了推动

校园足球教育工作领导小组，由局长任组长，分管副局长、深圳市教育科学研究院院长为副组长，教育科、人事科、计财科、民管科、安全办、教科院相关人员为成员，负责日常管理事务的办公室设在教科院。各学校建立健全校长负总责、分管校长具体负责、专职体育教师抓落实的工作机制，切实协调解决足球教育工作过程中存在的突出困难和问题，全力组织开展好校园足球活动。按照《全国青少年校园足球特色学校基本标准（试行）》的要求，重视区青少年校园足球工作，要求各学校把校园足球作为学校体育的重要工作来抓；科学把握校园足球定位，及时制定完善区校园足球规划和工作方案，通过深化区体育教学（足球课）改革，强化足球课条件和安全保障，争创校园足球特色。发挥中心区示范引领作用，将校园足球作为课堂体育教学和“校园体育一小时”活动的主要内容，积极开展以班级为参赛单位的校内班级联赛，开展形式多样的校园足球活动，打造校园足球文化。

2. 强化安全机制

足球活动具有运动剧烈、对抗性强的特点，在开展校园足球活动中，要高度重视安全问题和意外伤害处理。各学校广泛开展校园足球安全教育，制定《足球活动和竞赛的安全管理制度》《校园足球训练比赛安全风险防范》等相关制度，建立健全校园足球意外伤害应急管理和学校安全管理问责机制，构建校园安全防控体系，最大限度降低学校组织体育活动的风险。

3. 强化督导评价

各学校高度重视校园足球工作，按照福田区校园足球建设的有关要求，明确责任，强化落实。从 2018 年起，福田区教育局对中小学校足球开展情况纳入年度评价体系之中，对没有开展校园足球活动、体育课被挤占、不能保证每天一小时体育活动时间、学生体质健康水平连续三年下降的学校实行一票否决，强力推进校园足球运动改革发展，评选了一定数量的区级足球特色学校，并从中推选优秀学校参评市级足球特色学校。

（二）强化体育课，夯实校园足球教学，完善校内外足球竞赛制度

强化体育课，让足球进课堂是校园足球的根本。福田区各学校制订足球教学计划，体育教师按照要求认真备课，认真指导，严格要求教学过程。除此之外，市教育局要求校园足球特色学校在开足开齐体育课的同时，每周必须有一节足球课。学生的体育课以班级为基本单位，每节课以足球专项能力培养为主要内容，提高学生踢球的兴趣、技战术水平，分层进行技术、战术

的传授，80%以上的学生参与足球活动，30%以上的学生常年参加足球比赛活动，学生足球知识知晓率较高。各学校成立足球组织，建立足球社团，吸纳有兴趣、有专长的学生参与足球训练。每个班级组建足球队，积极参加校级的足球联赛，有的学校还积极组建女足队伍，吸引更多女生参与足球运动。具体做法如下：

1. 普及足球

全区所有学校开足球必修课，将校园足球纳入“阳光体育运动”之中，所有学生参与足球运动，人人踢足球，人人爱足球。

2. 成立社团

各学校、班级建立足球兴趣团队，利用多种形式丰富校园足球的活动形式和内容，努力实现学生人人喜欢足球运动。

3. 进行集训（特长）

对有足球特长的学生进行重点培养，每所学校的优秀学员可进入校园足球特色学校进行学习。每所学校为他们制订科学的学习、训练计划，使他们在思想道德品质、文化知识、运动技能等方面全面发展。各学校通过聘请专家、专任教师等方式，深入校园开展技术指导，通过“传、帮、带”的方式共同提高学生足球运动水平。

4. 保证体育锻炼的时间

各学校严格落实国家、省、市的文件要求，开足体育课，确保学生每天一小时的校园阳光体育活动，校园足球运动被纳入大课间或课外活动。义务教育阶段的学校每周安排一节体育课进行足球教学。

5. 开展校园足球专业训练

训练有计划，有目标，常年坚持，注重效益，并配有安全、医疗等应急方案。建立福田区校园足球竞赛制度。不断完善校内足球竞赛制度，并趋于常态；每年组织校内足球班级联赛，每个班级每年参与比赛场次不少于10场；组织区级班级联赛，同时积极参加市级班级联赛，让不同的学生、更多的学生参与竞赛活动。大力支持有足球特长的学生发展，鼓励有足球天赋的学生参与校外足球训练、培训和比赛，并积极向上级特色学校及各级各类足球运动队输送人才，为学生提高足球竞技水平和运动能力创造条件。2015年深圳U15代表队参加全国青少年男子足球锦标赛获得冠军，其中14名队员是从福田区走出去的。2015年福田区园岭小学代表中国参加“达能少年世界杯”足球赛，获得公平竞赛奖。2017年深圳U14代表队参加全国青少年男子足球锦标赛并获得冠军，其中8名队员来自福田区。

（三）加强足球教师的培训，完善场地设施，做好各项保障工作

1. 足球教师是校园足球发展的基本保障

多年来福田区教育局重视足球教师队伍的建设，校园足球学校配齐足球专业体育教师。采取“走出去、请进来”的方式，有计划地对体育教师进行足球教学业务培训，大力开展普通体育教师的足球专业培训，专业培训工作每学期最少一次。邀请曾经服务于各级国家队足球训练的教练、教授和博士生导师作为主讲，开展了系列培训课程，培训内容有校园足球发展的理念、现实与问题、有关政策研究，足球体能训练与技战术训练等，培训对象包括校长、体育教师、足球教练和足球队员等，培训了一批体育教师让其成为校园足球普及的主力，提升一批足球专业教师让其成为校园足球的中坚。另外，各学校还外聘了一些足球专业教练（包括外教）来充实队伍，做到学生普及有人管，“尖子”学生有人带，通过普及达到提高的目标，促进普及工作。为了给校园足球的广泛开展提供强有力的师资保障，将足球教学纳入体育教师新一轮教师基本功达标的重要内容，建立、完善和动态管理教练员和裁判员信息库，确保数量足够、质量合格的体育教师充实到校园足球工作一线。各学校根据本校的实际情况定期开展体育教学研究，不断提高体育教师教学技能。福田区教育科学研究院建立体育教师工作群组，加强业务交流和探讨。

2. 落实体育教师待遇是校园足球开展的基本保证

将体育教师开展足球训练活动计入工作量。福田区教育局出台规定：工作日业余时间训练、节假日和双休日训练均有相应报酬。学校保证体育教师在评优评先、工资待遇、职务评聘等方面享受同等待遇。只有这样才能确保校园足球蓬勃发展。

3. 足球场地设施建设是校园足球开展的基本条件

各级校园足球学校都有一块足球场，福田区教育局几年来不断加大投入，对足球场地、设施、器材建设进行维护修缮，经费有保障，确保了校园足球的正常开展。

（四）积极开展校园足球专业训练，争创校园足球新特色

福田区通过深化足球课、足球课外训练改革，强化足球课、足球队课外训练条件和安全保障，建立学校足球俱乐部，争创校园足球特色。在日常中做到训练有计划，有目标。此外，福田区支持有足球特长的学生发展，鼓励有足球天赋、有潜力的学生参与校外足球训练、培训和比赛，并积极向上级

特色学校及各级各类足球优秀运动队输送人才，为学生提高足球竞技水平和运动能力创造条件。

（五）营造校园足球文化氛围，开发足球课程资源，达到以“球”育人

重视发挥校园足球的育人功能，通过深化教学改革、组织校园足球竞赛活动、强化师资队伍、深化足球课外训练改革、发展校园足球文化等，将校园足球作为学校体育改革和素质教育的突破口，主动整合学校内部教育资源和外部社会资源，探索建立家庭、学校和社会共同推进校园足球发展的治理体系，使校园足球普及与提高协调发展，提高学生体质健康水平，促进学生全面发展。

开展校园足球的落脚点是在学生掌握相关足球技能的基础上，帮助他们养成良好的品德以及规则意识，提升学生的基础素养，促进学生全面发展，并在此基础上积极营造校园足球文化氛围，通过足球运动的实践、对体育精神的理解，实现学校体育立德树人的目标。福田区倡导各学校利用宣传栏、网页专栏、图书馆、阅览室、图书角，以及广播站、电视台、网络等各种校级媒体等作为宣传校园足球的主阵地，营造良好的校园足球环境氛围，积极打造足球特色文化，让更多的家长、足球人士了解校园足球，吸纳有潜力的学生积极参与，推动学校足球教育快速发展。如福田区教育局每年在全区学校开展两次运动会（节），在每年的校园体育节，有目的、有计划地开展征文、绘画比赛以及最佳守门员、最佳射手和文明之星等评比活动，积极引导广大学生走进足球场，体验足球运动的快乐。在学校的电视台、校报上展示足球社团的活动与成果，在声势上形成氛围，引导学生关注足球，喜爱足球，让体育精神以润物细无声的方式影响学生的品德，达到以“球”育人。

（六）坚持课题、科研引领，助力校园足球持续健康发展

校园足球研究是校园足球持续健康发展的有力支持。在坚持校园足球活动的过程中，福田区鼓励一线教师积极参与课题研究，用科研的方法去引领，收获良多，效果明显。先后开展省、市、区课题研究 100 多项，其中深圳市校园足球综合改革试验策略与实践研究、“学校、家庭、社区三元联动”和“基于校园足球 + 互联网联动”等课题获得专家好评和社会的广泛赞誉。深圳市校园足球推广路径获得了 2018 年全国学校体育教学、训练、竞赛及条件保障体系建设优秀改革成果奖。

四、福田区开展校园足球的特色经验

（一）建立校园足球发展模式体系，实施校园足球改革试验

福田区校园足球改革试验的实施，首先建立了具有福田特色的发展模式体系（见表4－1）。

表4－1　福田区校园足球改革试验发展模式体系

改革试验发展模式	主要内容
校园足球“校内竞赛体系”模式	“校内竞赛体系”组织建设 “校内竞赛体系”管理 “校内竞赛体系”评估 “校内竞赛体系”激励机制
校园足球创新教学模式	“创新教学模式”教学目标 “创新教学模式”教学内容 “创新教学模式”课程设置 “创新教学模式”课程评价 “创新教学模式”案例教学法
校园足球精英培训模式	精英培训模式制度 精英培训模式设置 精英培训模式内容 精英培训模式评价
校园足球立体管理模式	校园足球的政策制度 校园足球的运作时间管理 校园足球的运作经费管理 校园足球的运作评价管理
校园足球“校、家、社区”三位一体教育模式	学校开展校园足球的内容 家庭协作校园足球的方法 社区延伸校园足球的策略

（二）建立健全以班级为基础的四级校园足球竞赛机制，制订实施小学—初中—高中足球人才直升计划

福田区建立了比较完善的校园足球竞赛体系（包括校内竞赛、区级比赛

和市级比赛），形成班级、校级、区级、市级校园足球联赛制，并常年举行。通过提升市、区、校三级足球联赛，选拔优秀足球苗子进入深圳市校园足球最佳阵容，提升足球后备人才的数量与质量。会同深圳市文体局、体校和足球协会，共同制定有关政策，大力支持青少年足球活动的开展。逐渐形成金字塔式足球人才架构，“打破”原有的学校之间的条条框框，整合校园足球资源，形成合力。另外，福田区制订实施小学—初中—高中足球人才直升计划，例如在校园足球（初中）特色学校招收有特长的足球小学生，在校园足球（高中）特色学校招收有特长的足球初中学生（争取招生政策支持），解决了足球人才培养“不连贯”的问题。

（三）坚持课内外有效结合，提升课堂教学水平，促进学生全面发展

福田区通过组织面向全体学生的校内竞赛活动，大大地促进了体育课堂教学效果的提升，也提高了学生对课外锻炼的积极性和兴趣。例如，各个学校常年举行足球颠球、过杆、射门、踢远等单项技能比赛，这些比赛以全班所有学生的总成绩计算班级名次。因每个人的成绩直接关系到全班的比赛成绩，所以，学生学习的积极性非常高，课堂上认真学习，课外也能积极练习。家长支持购买器材，学生也会在家庭、社区或公园进行练习。课堂教学效果的提升，又反过来推动了校内竞赛活动水平的提高。

（四）积极开发利用体育课程资源，开发校本课程，实现国家课程校本化

福田区通过课题推动了国家体育课程校本化的适应性改造，从而使国家的体育课程更加符合具体的学校体育教学情境，使教师能根据各自学校实际情况编制学校体育课程教学方案，使每一个体育教师都成为体育新课程的设计师。福田区各中小学在借鉴学习国内外教材的基础上，认真编写了 30 多本校园足球校本教材。

五、福田区开展校园足球取得的成绩

（一）解决学生体质健康质量下降问题

福田区通过开展一系列校园足球活动，教会学生踢足球，掌握足球运动技能，让学生广泛参与到校园足球竞赛活动中，在竞赛中提高学生的体质健康水平。经过几年的努力，福田区中小学生参加《国家学生体质健康标准

(2014 年修订)》测试，合格率、优良率从 2014 年的 88.90% 和 21.97% 提升到 2020 年的 96.2% 和 53.37%。学生的体质健康测试合格率达到了 95% 以上，虽然优良率并不是特别高，但反映出学生的体质健康成绩在向好的方向发展。

（二）提高足球训练与竞赛水平，足球人才辈出

福田区努力健全和完善校园足球竞赛体系，营造更热烈、安全的观赛氛围，提高办赛能力，发挥校园足球训练的综合育人功能，夯实各类型足球文化底蕴，建立梯队培养机制，选拔优秀校园足球后备人才，使校园足球各组别综合水平全面提升，进一步提升校园足球水平。2015 年，福田区园岭小学代表国家参加“达能少年世界杯”足球赛，获得公平竞赛奖；2016 年，全国校园足球课题现场展示会在福田区荔园小学、下沙小学、园岭小学及荔园外国语小学进行；2017 年，福田区成为全国青少年校园足球教学与实训基地，进行广东省青少年校园足球“基于互联网 + 校园足球的三元联动实践研究”；2018 年，福田区被评为全国青少年校园足球试点县（区），进行省课题“足球运动对 5～6 岁幼儿体能指标的影响研究”，深圳市福田区下沙小学入选全国活力校园 100 强，全国校园足球展示活动在福田区园岭小学、华富小学及下沙小学进行；2014—2020 年，福田区 80% 以上的学生参与足球活动，30% 以上的学生常年参加足球比赛活动，学生足球知识知晓率较高。

（三）足球进课堂，体育学习兴趣上涨，课堂教学水平提升

足球进课堂，推动和激发了学生参与足球运动的兴趣与热情，共有 50 万名学生参与足球运动。其中，经常参加足球运动的学生达到 5 万人，选拔出优秀足球后备人才 3 000 人。每周一节足球课进课堂成为常态，与此同时涌现出了许多富有新意、颇具特色的有效的足球课堂教学，教学内容更加丰富多彩，更加符合学生的身心发展特点，更加贴近学生的生活经验；教学方式更加灵活多样，注重调动学生足球运动技能学习和活动的积极性，培养了学生的创新意识和实践能力。

（四）足球师资提升，教科研能力增强

通过校园足球的开展提升了福田区体育教师、教练员的教学科研能力。在坚持校园足球活动的过程中，福田区鼓励一线教师积极参与课题研究，用科研的方法去引领，收获良多，效果明显。福田区先后开展省、市、区课题研究 100 多项，真正实现了科研引领教学，教学促进科研。

发展校园足球是促进青少年身心健康的重要举措，更是实现立德树人、

全面推进学校体育改革发展的探路工程。未来福田区校园足球将继续坚持“以全体学生参与”“以课程教学”“以校内班级联赛开展”这三个主要方面，有效发挥校园足球的独特育人功能，提高学生体质健康水平，促进学生全面发展，大力推动校园足球运动普及和提高，将发展校园足球作为学校体育改革的着力点和突破口，引领学校体育改革创新。

第二节　全国“满天星”训练营——宝安区

2018 年 8 月，深圳市宝安区被教育部评定并命名为“全国青少年校园足球‘满天星’训练营”。宝安区成为全国首批 47 个“满天星”训练营之一，也是广东省第一个全国“满天星”训练营。宝安区教育局自 2015 年开始实施校园足球“区域协同”人才培养模式，伴随全国校园足球的快速发展形成了适合自身的独特发展模式，且成效显著。宝安校园足球充分发挥核心学校的优质资源，带动区域学校在足球教学、训练和竞赛水平方面快速提升，不仅有效解决了校园足球发展中效率低、周期长和资源分散等问题，而且三个区域各自形成了不同特色，引领宝安校园足球全面快速地发展。

一、宝安区校园足球的发展背景

宝安区是深圳市的人口和教育大区，具有学校多、学生多、资源不均衡和分布分散等特点。在推进校园足球发展过程中，除了具有足球传统的学校之外，大部分学校受到场地、师资、经验和主观认识等问题限制，发展校园足球的积极性不高，进度缓慢。在 2015 年能够积极主动参加各类足球赛的学校也只有几所，符合全国校园足球特色学校条件的学校寥寥无几，这种情况对于宝安区校园足球整体普及与竞技水平提高极为不利。为了解决宝安区校园足球发展中存在的问题，促进宝安区校园足球的快速发展。宝安区教育科学研究院组织华南师范大学专家和有关学校进行了多次研讨，结合宝安校园足球实际情况，提出在宝安区采取“区域协同”人才培养模式来解决校园足球普及和人才培养问题。校园足球“区域协同”是指在校园足球发展过程中，通过有序的分工合作使区域内参与协同主体的利益最大化，各主体间形成整体效应，推动整个区域校园足球的共同发展。

二、宝安校园足球“区域协同”人才培养模式的发展阶段

1. 政策推动

2015 年 9 月，宝安区印发的《关于开展宝安区校园足球“区域协同”发展工作的通知》指出，宝安校园足球“区域协同”人才培养以沙井中学、新安中学和东方小学为核心学校，在第一、第四和第五学区实施，希望充分发挥核心学校的资源和经验来带动区域学校在足球教学、训练和竞赛水平方面快速提升，有效解决校园足球发展中效率低、周期长和资源分散等问题，形成各具特色的案例，成为引领宝安校园足球发展的核心区域。2015 年，东方小学成为宝安区首个全国校园足球特色学校，宝安区教育科学研究院在东方小学组织开展了校园足球经验交流活动，重点邀请了宝安区“区域协同”发展的学校参加，通过活动让多所学校认识到校园足球发展的基本思路，学习到开展校园足球活动的具体措施和经验。下半年组织了宝安区“区长杯”校园足球赛，在区域协同学校中选拔水平较高的队伍参加。与此同时，足球课、足球大课间、“校长杯”班级赛、教练员培训等活动在核心学校及有条件的协同学校开展起来，在全区起到示范引领的作用。

2. 项目推进

2016 年，沙井中学和新安中学成为全国足球特色学校，第一、第四和第五学区三个区域都有全国校园足球特色学校。核心学校的“校长杯”足球赛和校园足球文化活动纷纷开展起来，在核心学校带动下协同学校也纷纷引进足球专业教师，积极开展“校长杯”和组建校园足球代表队。在宝安区 2016 年校园足球赛上，参加比赛的队伍达到 62 支，运动员超过千人，创造了宝安校园足球比赛规模的新纪录。区域协同初见成效，三个区域 20 所协同学校的校园足球普及和人才培养水平得到显著提升。

3. 全面实施

2017 年，荣根学校、壆岗小学、海滨中学和新桥小学成为全国校园足球特色学校。具有悠久足球传统的第四学区形成了“小学—初中—高中”的校园足球特色学校体系，为足球人才的贯通式培养奠定了基础。2017 年，宝安区引进棕榈体育产业发展集团有限公司（简称“棕榈体育”）和英国西布朗足球俱乐部来支持宝安校园足球发展，英国职业俱乐部外教首次进入宝安校园指导训练。同年 7 月在第四学区核心学校沙井中学和荣根学校举行了宝安

区首届校园足球精英夏令营及校园足球教练员培训活动。12 月开始全面实施宝安区“三阶式”教练员培训，协同学校选拔的 30 名精英教练参加了培训。通过精英夏令营和教练员培训选拔首批 18 名教练和队员在寒假前往英国西布朗足球俱乐部进行为期两周的训练。宝安校园足球“区域协同”的探索开始从小区域向大区域发展。同时，外教进驻核心学校，提供先进的训练手段，宝安校园足球的“中外协同”拉开序幕。2017 年，校园足球的教研工作上了新的台阶，区域协同核心学校的沙井中学、东方小学、荣根学校、壆岗小学等编印了足球校本教材。区域协同的内容在全面发展的同时得到进一步的深化发展。

4. 评估完善

2018 年，西湾小学、宝安中学（集团）第二外国语学校、宝安小学和桥头学校成为全国校园足球特色学校，协同区域再添 4 所全国校园足球特色学校，桥头学校成为首个非协同区域的全国校园足球特色学校。宝安在第四学区组织了校园足球精英夏令营的选拔测试工作，活动得到深圳壆岗足球俱乐部、华南师范大学体育学院和棕榈体育的大力支持，宝安校园足球开启了“校企协同”，为校园足球“区域协同”人才培养提供了更加丰富的内容。2018 年，在全国首次“满天星”训练营遴选中，宝安区由于在校园足球“区域协同”人才培养模式的带动下取得的突出成绩，被教育部评为全国首批、广东唯一的“满天星”训练营，揭开了宝安校园足球从普及推广向竞技水平提高的新阶段。

5. 项目推广

2019 年，海韵学校、福永中学、宝中集团塘头学校、黄田小学和松岗第二小学成为全国校园足球特色学校，其中，黄田小学和松岗第二小学为协同区域内的全国校园足球特色学校。协同区域全国足球特色学校总数达到 12 所，协同区域外全国校园足球特色学校达到 4 所，总共 16 所学校覆盖了宝安 6 个学区中的 5 个，宝安校园足球呈现整体快速发展、全面开花的局面。宝安全国校园足球“满天星”训练营挂牌，设置 3 个大本营和 8 个子营，有 10 个营地为区域协同的核心学校和协同学校。校园足球“满天星”联赛首次亮相宝安校园，成为宝安足球精英提高竞技水平的重要竞赛平台。2019 年，宝安赢得了教育部、广东省教育厅和深圳市教育局的关注，教育部把全国校园足球夏令营第八营（小学组）和全国首次“满天星”训练营经验交流会交给宝安承办，这是宝安校园足球首次承办全国校园足球活动。活动由区域协同核心学校沙井中学承办，教育部体育卫生与艺术教育司领导和全国校园足球专家委员会副主任委员刘江南等专家，以及来自全国31个省、市、自治区47个单位的300人参加了本次活动。2019年，宝安校园足球“满天星”精英教练和队员国际交流项目获批立项，接下来的2年里选派200名优秀教练和队员到英国职业足球俱乐部进行学习训练。

三、宝安校园足球“区域协同”人才培养模式的具体举措

（一）抓管理，提高运作效能

1. 构建了强有力的运作机构和建设方案

成立宝安区“满天星”训练营领导小组，由宝安区教育局局长亲任组长。从政策、经费、场地、训练、教学、师资和赛事组织等方面推动校园足球开展。2019年，宝安区教育局印发了《宝安区全国青少年校园足球“满天星”训练营建设方案（2019—2021年）》，形成了由政府部门、学校、社会体育机构全面协作的教育体系。2019年，训练营累计获得教育部、广东省教育厅、宝安区政府等资助奖励经费855万元。

2. 研制了科学务实的工作内容

宝安区“满天星”训练营的主要工作内容为以营促建。训练营采用“3个主营、8个子营”的实施模式，覆盖区内11所全国青少年校园足球特色学校，用训练营促进全国青少年校园足球特色学校建设。组建专家顾问组，邀请高校专家担任训练营建设顾问，并聘请外籍教练员和优秀足球教练员对学生进行科学系统的训练。重视制度建设，完善春季和秋季主客场足球联赛制度，同时建设健全学生竞赛选拔等机制。

3. 重视足球内涵文化建设

设计制作了训练营标志：绿色代表“希望”，3颗大星代表3个主营，8颗小星代表8个子营。整个训练营统一服装及标识，并指导营地学校开展校园足球文化长廊建设工作等。

（二）抓教学，普及足球教育

1. 普及校园足球课

宝安区积极落实国家课程标准，开齐开足开好体育课，配齐配足配强专业教师。全区体育教师共有2 000多人，其中足球专业师资与教练员130多人，各类足球场共150个。开发足球地方课程，编写宝安区青少年校园足球

教学与训练指导丛书，推动全区落实每班每周 1 节足球课，充分发挥足球的育人功能。

2. 深化足球教学研究

宝安区依托深圳市教育科研专家彭茂发工作室开展足球教学研究、主题研究、课题研究。建立了 12 个宝安区足球教研工作室，并与高校积极合作开展系列课题工作。近年来，全区以校园足球专项研究立项的省级、市级、区级课题共有 19 项。

3. 丰富校园足球文化

宝安区推动区级、校级开展以“校园足球”为主题的教育实践活动。如，开展足球嘉年华、足球节、足球操、足球文化课和世界足球博物馆进校园等活动，创建国内首家社区职业俱乐部，组织学校创建全国青少年校园足球特色学校。

（三）抓训练，提升竞技水平

1. 加强足球专业训练

按照全国青少年校园足球“满天星”训练营的实施方案每周“两练一赛”的要求，每周二、周四下午对学生开展专项训练；与棕榈体育深度合作，引进英国西布朗足球俱乐部的优质青训资源，组织外籍教练员每周到营地学校进行指导和训练。

2. 重视教练员培训

采用初级培训、优秀培训和精英培训“三阶式”的培养模式，依托宝安区本土名师与高校培训，全力打造一支年轻化、高素质、高学历、高水平的足球教练员队伍。每学期举行一次高水平教练员培训班，由外籍教练员担任培训讲师。多次举行了宝安区全国青少年校园足球“满天星”训练营精英教练员培训。

3. 严格选拔营员

按照“满天星”训练营管理制度统一管理，大本营和子营的规模不变，营员采用动态调整机制。主营营员从子营选拔，子营营员从区域内学校选拔。一旦选拔入训练营，营员就可以享受免费训练和比赛，统一发放服装，并获得选拔和推荐进入省级夏令营的机会。每年 1 月或 2 月、7 月在主营举行为期 2 周的冬训营和夏训营。宝安区已成功举办多次校园足球精英夏令营。

（四）抓赛制，健全联赛体系

1. 建立联赛体系

搭建了“校长杯—区校园足球赛—满天星联赛—区长杯”四级赛事体

系。如，2018 年组织各级校园足球比赛 1 400 多场，参赛学生达到 13 920 人，现场观众超过 15 万人。在 2019 年“满天星”训练营春季联赛的 14 轮 168 场比赛中，14 场进行了网络直播，网络观众达到 56 454 人。

2. 建立春季和秋季主客场联赛制

春季联赛：2019 年开始，每年 3 月—5 月举行春季联赛，主客场双循环（周三或周五下午）。秋季联赛：每年 9 月—11 月举行秋季联赛，主客场双循环（周三或周五下午）；每年 12 月举行升降级附加赛和赛季总冠军争夺赛（每年 12 月）。

3. 承办高水平赛事

2019 年 7 月，宝安区成功承办了全国青少年校园足球夏令营第八营区（小学组）活动。宝安区有 19 人入选全省校园足球“最佳阵容”，15 人入选全国青少年校园足球夏令营总营，3 人入选全国青少年校园足球夏令营总营“最佳阵容”，实现零的突破，位居全省各区县之首。

（五）抓融合，共推足球发展

1. 与区体育部门等联动

由宝安区政府主导，宝安区教育局联合区文体局等部门建立宝安区青少年男足训练基地、宝安区男足后备人才培养基地；共同举办“校长杯”校园足球联赛，宝安区中小学生校园足球联赛，“满天星”春季、秋季足球联赛，“体彩杯”青少年校园足球联赛，等等。

2. 与体育院校合作共建

宝安区与广西师范大学、贵州师范大学、海南师范大学、广东工业大学、广州体育学院进行共建合作，在同等条件下优先考虑宝安区足球队员入学就读，打通足球人才输送渠道。

3. 与高水平社会机构合作

宝安区与棕榈体育合作打造宝安区“英国西布朗”校园足球夏令营的特色项目，作为宝安区校园足球精英学习和成长的摇篮。棕榈体育已与宝安区 15 所中小学合作开办青训基地，并选拔组织了宝安区校园足球精英 4 批共 67 人远赴英国西布朗青训学院学习。优化与棕榈足球俱乐部和壆岗足球俱乐部的合作，挂牌“西布朗棕榈体育青训基地”等，借力优势资源为学校提供足球训练技术支持。

四、宝安校园足球“区域协同”人才培养模式的特色经验

（一）重构校园足球发展新模式，建立校园足球人才培育新机制

校园足球“区域协同”人才培养模式（见图4－1）的创新主要体现在校园足球发展理论的创新和人才培养模式的创新。校园足球“区域协同”的内涵（见图4－2）在于协调区域校园足球资源，促进整体快速发展。将协同理论应用到区域校园足球发展中是校园足球发展理论的重要突破，有利于区域资源利用和提高人才培养效率等。宝安区在校园足球“区域协同”人才培养模式实施的几年里，不仅解决了校园足球普及和人才培养等问题，实现宝安校园足球的快速发展，而且向全国多个地市进行经验介绍和省内的送教活动，带动了省内外多个地区校园足球的发展，重点做了以下四个方面的工作。

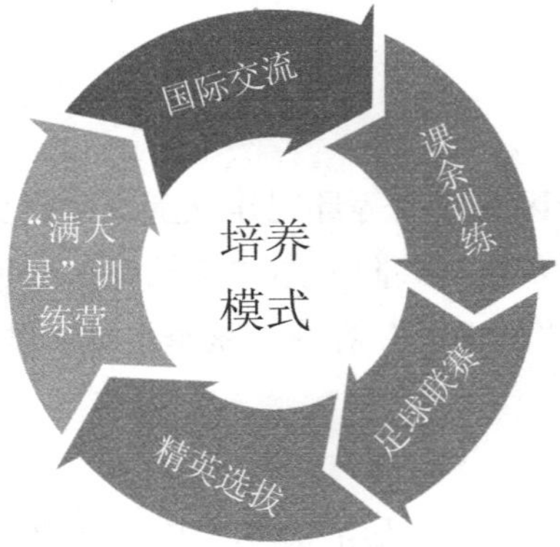

图4－1 “区域协同”人才培养模式

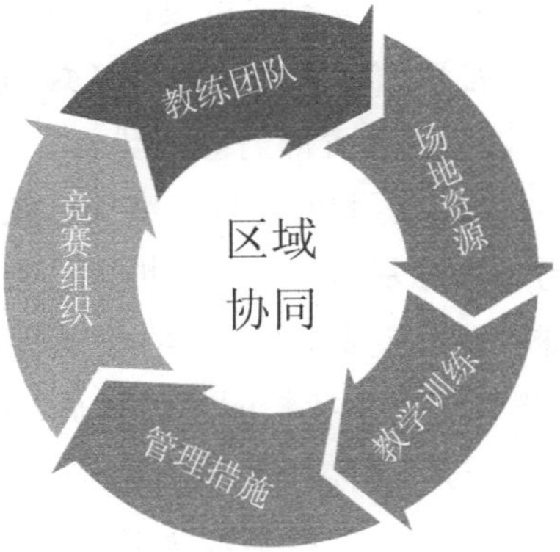

图4－2 宝安校园足球“区域协同”的内容

1. 出台政策

2015年印发的《关于推动宝安区校园足球“区域协同”发展的通知》指出：充分发挥校园足球“核心学校和优秀教练”的引领作用，带动区域其他学校校园足球的普及与发展，在局部形成浓厚的足球氛围，形成校园足球的区域优势，从而带动宝安区校园足球“全面普及、重点发展”，探索出符合宝安区校园足球发展的新模式。通知还提出首批打造沙井、新安和松岗三个校园足球优势区域，确定了核心学校及协同学校。

2. 具体措施

由宝安区教育科学研究院组织，发挥沙井中学、新安中学和东方小学三所核心校的教练和场地优势，在区域开展教练培训、足球公开课、教研和组

织足球比赛等活动，带动区域其他学校的教练培养、教学训练和竞赛水平的快速提升。

3. 调整完善

宝安区教育科学研究院聘请华南师范大学专家团队，对每一项措施都制订了具体实施方案，并在实施过程中邀请专家对实施过程和结果进行评估，形成了“计划—实施—评估—调整—完善”的循环检验系统。

4. “满天星”训练营

全国青少年校园足球“满天星”训练营的获批是“区域协同”带来的快速发展成果。训练营成为“区域协同”进一步深化发展的核心平台。协同区域的培训、教学、训练和竞赛等工作通过“满天星”训练营将协同频率提升为每周2～3次，通过训练营选拔教练和队员参与宝安校园足球精英国际交流项目，每年寒暑假赴英国进行2周的训练学习，为校园足球人才提供更为开阔的国际化培养视野。

（二）完善“区域协同”体系建设，开创宝安校园足球新局面

宝安校园足球构建了基于“满天星”训练营的校园足球“区域协同”人才培养新模式，提高宝安校园足球的教学、训练、竞赛、教研、国际交流和组织管理水平，有效地推动宝安校园足球普及推广和竞技水平提高的全方位发展（见图4－3）。

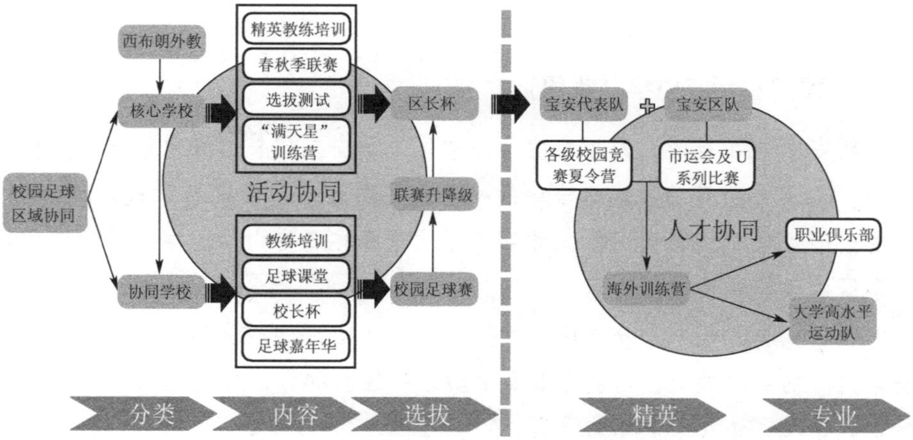

图4－3　宝安校园足球“区域协同”流程图

案例1：第四学区

第四学区所在的沙井街道有悠久的足球传统，深圳擘岗足球俱乐部具有

78 年历史，在塱岗足球俱乐部的支持下，沙井中学和塱岗小学从 20 世纪 80 年代开始大力发展校园足球，是广东省和深圳市传统项目学校。2015 年，宝安校园足球“区域协同”人才培养模式的实践检验首先选择在第四学区进行。

项目实施过程中充分发挥了沙井中学、荣根学校和塱岗小学的教练和场地优势，经常安排区域的教练培训、足球公开课、教研和组织足球比赛等活动，将经验和方法传递给第四学区其他学校，帮助协同学校在教练培养、教学训练和竞赛水平上得到快速提升。

第四学区从 2015 年至今，足球特色学校从 2 所发展为 8 所，其中全国足球特色学校 6 所、省校园足球推广学校 1 所和深圳市校园足球特色学校 1 所；并成为全国校园足球“满天星”训练营的大本营所在地。该区域打通了“小学—初中—高中”校园足球人才培养通道，为大学高水平运动队输送了近 20 名队员，为国家青少年集训队、职业足球俱乐部、市队和区队输送了 30 多名队员。在 2019 年举行的广东校园足球五年总结表彰活动中，沙井中学金如湘校长获评广东省“优秀足球”特色学校校长，荣根学校夏宪扬老师获评深圳市校园足球优秀教练员，沙井中学陈锦鸿同学获评校园足球“未来之星”的荣誉称号。第四学区成为全国校园足球同行调研与学习的示范区域。

案例 2：新安中学（集团）

新安中学（集团）属于宝安第一学区，是广东省普通高中教学水平优秀学校，2011 年被评为深圳市唯一的一所女足高水平运动项目学校。2015 年，宝安校园足球“区域协同”人才培养模式选择在新安中学实施，带动宝安第一学区的学校开展校园足球。

项目实施过程中充分发挥了新安中学（集团）的教练和场地优势，经常安排区域的各项教研、培训比赛等活动，将经验和方法传递给第一学区其他学校，带动区域女子足球的发展。

第一学区从 2015 年至今，各级足球特色学校已发展到 9 所，其中全国足球特色学校 6 所、省校园足球推广学校 2 所和深圳市校园足球特色学校 2 所；成为全国校园足球“满天星”训练营的子营。新安中学（集团）与宝安区青少年业余体育学校合作开展宝安女足的建设，建立了女足特长生“小学—初中—高中”的人才培养通道，不仅带动了区域校园足球的发展，也吸引了宝安区女足队员集中到本校。学校为国家青年队、国家少年队、广东省队和市队输送了20多名优秀队员。多次获得省长杯冠军等好成绩，多名队员代表广东队获得全运会亚军及全国比赛前六名。在新安中学（集团）的带领下，第一学区成为支撑宝安女子足球发展的核心区域。

案例3：东方小学

东方小学属于宝安第五学区，从20世纪90年代开展足球项目，2005年开始组建小学各年龄组梯队，成为深圳市足球特色学校、宝安区第一个全国校园足球特色学校。2015年，宝安校园足球“区域协同”人才培养模式选择在东方小学实施，带动宝安第五学区的学校开展校园足球。

项目实施过程中充分发挥东方小学的教练和场地优势、丰富的训练和竞赛经验，在区域开展教练培训、足球公开课、教研和组织足球比赛等活动，带动第五学区其他学校的教练培养、教学训练、队伍建设和竞赛水平的快速提升。

第五学区从2015年至今，各级足球特色学校已发展到4所，其中全国足球特色学校2所、省校园足球推广学校2所；成为全国校园足球“满天星”训练营的子营。东方小学组建了各年龄段的梯队，制订了详细的训练计划，建立了男女足平衡发展的模式。在发展过程中，东方小学不仅吸引了本区域热爱足球的孩子加入，而且积极带动区域其他学校校园足球的发展。东方小学为市队、广东省队、国家少年队输送了20多名优秀队员，成为宝安区男子足球人才培养基地，多次获得省长杯、深圳市等各级足球比赛的优异成绩。在东方小学的带领下，第五学区成为支撑宝安小学男子足球发展的核心区域。

（三）形成多元成才通道，培育输送足球人才

“满天星”训练营是人才培养的平台，“满天星”训练营的大本营在第四学区，新安中学和东方小学都是子营。本项目共培训优秀校园足球教练员90名，培养全国校园足球最佳阵容3人，大学高水平运动队队员20多人，国家青少年集训队、省队、市和区代表队队员70多人，获多项全国、省、市校园足球赛优异成绩。

（四）加强校园足球特色创建，切实普及推广校园足球

宝安以沙井中学、新安中学和东方小学为核心学校在三个区域实施校园足球“区域协同”人才培养，在专家团队指导下制定了详细的实施计划与措施。充分发挥核心校的优势，带动区域学校在足球教学、训练和竞赛水平方面快速提升，引进的英国职业俱乐部和高校专家团队将宝安校园足球发展模式进一步丰富与完善，到2019年项目结束，宝安校园足球普及和竞技水平都发生了质的变化，成为国内校园足球发展的示范点。

五、宝安区校园足球“区域协同”人才培养模式的效果与反思

在中国社会、教育与足球发展大环境的影响下，宝安校园足球与中国足球遇到的问题一样，主要集中在以下三个方面，有待于从政府、学校、教练、家长和队员等每个层面积极面对，寻求突破。

（一）思想认识有待提高

校园足球发展成绩卓著，踢球的人数和关注的人数倍增，但仍然有部分足球特色学校的校长和老师对校园足球发展的重要性认识不够，在区域协同过程中过于注重形式，在取得足球特色学校的称号后出现停滞不前的情况，对足球课教学、师资培养和业余训练缺乏必要的重视，无法组队参加区域校园足球比赛或者临时拼凑队伍参加比赛。因此，需要加强对区域协同建成的足球特色学校的考核与评估，提高学校校长对发展校园足球的认识和重视，对于没有按照要求开展校园足球工作的特色学校应予以警告或摘牌。

（二）学训矛盾需要重视

校园足球发展由教育部门负责，重在普及，强化立德树人。当前，校园足球中的锦标主义思想日益突出，比赛也因此成倍增加，每年除了区校园足球联赛和市校园足球赛外，还有区精英赛和市精英赛，以及其他部门组织的邀请赛等，而且大多是赛会制比赛。校队主力球员每学年需要请假2个月以上参加各类比赛，导致学习成绩急转直下，高密度的比赛也造成大范围人员伤病。大多足球特色学校为了拿到好的比赛成绩，强化校队的训练时间和密度，安排周一到周五上下午训练，周末比赛的高强度训练和比赛。也因此导致足球队学生没有精力和时间进行文化学习，加入足球队后成绩快速下滑，家长和班主任意见非常大。希望学校要充分重视学训矛盾，在训练、竞赛等方面做好顶层设计和赛事计划，给校园足球的快速发展扫清障碍。

（三）升学通道有待贯通

足球特长生升学问题，尤其是中考成为困扰具有潜力的足球苗子的问题。目前，足球特长生升学尚无实质性政策支持。读书还是踢球依然是大部分踢球孩子不能两全的选择，大多具有潜力的苗子在中考面前放弃了继续踢球。升学问题导致家长对孩子参与足球运动有顾虑，尤其是初中、高中队员的家长。小学、初中和高中开展校园足球的比例为6∶3∶1，现实情况是小学比赛每个年龄组都有十几所学校，乃至20多所学校参加；初中只有3～4所学校，高中基本没有比赛。所以，在区域协同发展中需要形成“小学—初中—高中”的升学通道，解决宝安校园足球人才的升学问题，解决足球人才断层、流失和比例失衡的问题。

未来，宝安区将在全国青少年校园足球“满天星”训练营的建设中，继续以“开放包容、互鉴共赢”的发展思路，以普及为基础，以“配备高水平教练、实施高水平教学、开展高水平训练、组织高水平竞赛、落实高水平保障、强化高水平管理”为抓手，以全国青少年校园足球特色学校集中布局为重点，搭建促进校园足球发展的资源融合平台，完善青少年校园足球训练和竞赛体系，积极培养区域青少年校园足球后备人才。坚持立德树人，加大创新力度，不断探索协同发展模式，在政策与资金方面继续给予倾斜，支持全国青少年校园足球特色学校建设训练营，不断优化社会参与足球教育的环境，充分整合企业优质资源和调动家长参与的积极性，努力打造更加科学、务实、高效的训练营模式与足球教育方式，培养更多足球人才，为中国足球事业的发展添砖加瓦。

第三节 全国“满天星”训练营——罗湖区

2019年10月，深圳市罗湖区教育局入选“全国青少年校园足球‘满天星’训练营”，成为深圳市第二个全国“满天星”训练营。中共深圳市罗湖区委、区政府一直高度重视发展校园足球运动，坚持贯彻落实习近平总书记关于抓好青少年足球、加强学校体育工作的重要指示精神，坚持体教结合，锐意改革创新，推进校园足球普及，打造校园足球新模式，推动罗湖校园足球走在前列。

一、指导思想

2013年以来，深圳市罗湖区教育局和文体局“强强联合”，以创新、体验、实践为基础，以“体验足球、快乐成长”为理念，积极弘扬时代主旋律，打造校园文化品牌，形成了校园足球文化的新格局，构建不一样的校园足球“全明星计划”。2015年5月，率先成立罗湖区校园足球工作领导小组和罗湖区校园足球联盟，建立了罗湖校园足球微信公众号扩大影响力，进一步整合部门技术及资源优势，携手共建，学体并重；坚持本土化培养，以翠园中学为罗湖区校园足球发展基地，培养全面发展的足球队员，并通过参与和举办国家、省、市各种赛事提升竞技水平，不断向国家队、顶级俱乐部、高校输送职业球员，形成罗湖校园足球培养新模式；制定了《2016—2020年罗湖区校园足球五年发展规划纲要》，力争到2020年全区设立50所以上校园足球特色学校，组建100支以上校园足球队伍，建成“幼儿园、小学、初中、高中”四级校园足球联赛机制，确保青少年足球竞赛体系的连续性和有效性；探索建立罗湖区校园足球科学发展长效机制，合力打造校园足球新模式。

二、实施方案

（一）精心谋划，绘就校园足球新格局“战术图”

一是高度重视，迅速行动。2013年，首创罗湖校园足球“全明星计划”；2015年5月，罗湖区教育局和文体局联合成立全国第一个区级校园足球工作领导小组，设置专项经费、专人负责，教育局申请特色学校建设经费并下拨到学校，文体局申请竞赛经费，主要负责竞赛体系、梯队训练、管理干部和教练员培训，经费逐年提高，累计投入超过3 000万元。二是谋篇布局，顶层推动。研究制定了罗湖区校园足球五年发展规划纲要，探索建立区校园足球科学发展长效机制，健全校园足球教学体系。三是结合特色，注重实效。根据区校园足球实际和特色，完善考核等级评定标准、评定办法和考核模式，建立和完善校园足球教师和教练员认定和补助政策，打造罗湖校园足球品牌。

（二）精准发力，开好校园足球新举措“定位球”

一是优化发展布局。大力推动青少年校园足球特色学校建设，构建“满天星”训练营精英联赛体系。2017 年，罗湖区成为广东省青少年校园足球试点县（区），2019 年，罗湖区成为全国青少年校园足球“满天星”训练营。罗湖区共有 18 所全国青少年校园足球特色校，20 所省级足球推广校，40 所市级特色校，67 所区级特色校。小学覆盖率超过 70%，初中覆盖率超过 80%，全区覆盖率超过 62%。二是厚植足球文化。积极打造校园足球竞赛体系，2013 年首创“全明星计划”，每届举办 600 场赛事，历时 7 个月，以赛促训，以训促赛，得到学校、学生、家长的一致支持，规模和影响力逐年提高。累计覆盖人群高达 60 万人次，营造了良好的校园足球文化氛围。三是搭建成长通道。建立与高校、职业俱乐部战略合作，为运动员升学、学校招生等提供支持和保障，打通校园足球人才成长通道。2015 年至今，先后有 9 名学生选择职业足球，41 名进入清华大学等全国重点大学就读，23 人次入选中国中学生选拔队，12 人次入选中国 U 系列国家队。

（三）精益求精，吹响校园足球新征程“开场哨”

一是机制建设更加健全。持续加强合力，多部门共筑校园足球融合体系，加快推进校园足球与青训体系“一体化设计、一体化推进，自成体系，相互支撑”合作格局。2018 年与深圳市足球俱乐部签署战略合作协议，加强加大本土培养，让更多深圳优秀青少年足球人才留在深圳，为深圳而战。二是育人实效更加突出。持续发挥足球育人功能，通过教、体深度融合，积极发挥足球运动在青少年学生中的综合教育功能，深入推进校园足球运动的开展，使更多的学生参与到校园足球活动中，让学生意志品质、团队意识、合作态度、公平竞争和责任意识在活动中得到极大的发展，使其终身受益。充分调动家长和社区力量，走进社区举办亲子足球游戏，让足球真正走进孩子们的生活中，利用校园的人口红利和群体效应，将培养种子运动员的“单兵作战”模式切换为培养群体性足球爱好者的“协同攻坚”模式。三是培优提质更加有效。持续以点带面，在开展校园足球教学、足球训练管理、竞赛体系建设、运动员招生和培养、教练员和裁判员培训、优秀专业教练员进校园等方面实现大中小幼的有效衔接，促进罗湖区校园足球运动系统性全面发展。已形成了足球人才小、初、高相互衔接的一条龙培养模式，社会青训机构优秀教练和职业足球教练走进校园，深耕罗湖校园足球，有涵盖 9 ～17 岁各年龄段梯队 9 支，8 个“满天星”训练营分营，各代表队获得亚洲 U18 中学生足球锦标赛前四名 1 次，中国高中男子校园足球联赛总决赛冠军和亚军各 1 次，其他全国比赛前四名 6 次，省冠军 3 次，省亚军 1 次，市冠军 8 次。

三、具体推进措施

（一）健全校园足球管理体制，构建完整组织推进机制

1. 强化顶层设计

2015 年 5 月，罗湖区成立校园足球工作领导小组和罗湖区校园足球联盟。2019 年，为加快全国青少年校园足球“满天星”训练营罗湖营区建设，促进校园足球运动发展，推进校园足球运动的普及，大力培养足球后备人才，促进校园足球整体水平的提高，努力在开展校园足球运动中创出特色和经验，结合罗湖区实际情况，由区教育局领导亲自挂帅，成立了全国青少年校园足球“满天星”训练营罗湖营区工作领导小组。领导小组依据《全国青少年校园足球“满天星”训练营基本要求（试行）》，领导全国青少年校园足球“满天星”训练营罗湖营区工作的开展，履行“满天星”训练营工作的宏观指导、统筹协调、综合管理等职责和任务。

2. 规划发展蓝图

自 2014 年全国青少年校园足球工作电视电话会议召开以来，全国各地纷纷出台校园足球发展的实施方案，建立创新校园足球发展的长效机制。罗湖区结合实际情况，经研究，特制定《2020—2023 年全国青少年“满天星”校园足球训练营发展规划纲要》，并从指导思想、发展愿景、行动目标、实施策略以及主要保障措施等方面阐明罗湖营区的发展规划。

3. 建立健全组织工作体系

积极构建专业高效、民主公开和运转灵活的管理体制，充分发挥区体教结合成功经验，根据罗湖区实际情况，2015 年 5 月成立了罗湖区校园足球工作领导小组，由罗湖区教育局局长担任组长，罗湖区文体局副局长、罗湖区教育局副局长担任副组长，罗湖区教育局和文体局抽调 3 ～4 名成员组成校园足球办公室合署联合办公，研究制定《2015—2020 年罗湖校园足球发展规划纲要》，全面负责罗湖区校园足球发展工作。

小组下设罗湖区校园足球工作领导小组办公室，负责全区校园足球工作的组织领导、统筹协调、分类指导，全区校园足球的日常工作，罗湖区整个校园足球梯队建设，协调罗湖区足球场地建设和安排。各校园足球项目定点学校要实行校长总负责、分管校长具体负责的工作机制，成立校园足球工作小组。小组积极创造条件，引入社会资源，成立罗湖区校园足球联盟，作为

校园足球联赛具体工作的执行机构。

4. 注重文化建设

2013 年以来，罗湖区以创新、体验、实践为基础，以“体验足球、快乐成长”为理念，打造校园文化品牌，形成了校园足球文化的新格局，构建不一样的校园足球联赛“全明星计划”。据统计，自 2019 年 10 月起到 2020 年 5 月结束共举办了 611 场赛事，超过 2 000 名运动员参赛，近 1 000 名啦啦操选手登场亮相，近万名学生参与到罗湖校园足球联赛全明星计划的各项活动中。活动多次被新华网、人民日报等各大新闻媒体报道，影响教师和学生人群达 13 万人。

（二）聚合有利资源，完善保障机制

1. 营地建设布局合理

罗湖“满天星”训练营根据“以营促建”的方针，共建设 1 所总营、2 所初中分营、1 所女子分营和 4 所小学分营以及以翠园足球俱乐部依托的高中分营，拨付 80 万元专项资金，营地学校均为校园足球特色学校。除此之外，教育部门有 1 个 11 人场、12 个 7 人场和 35 个 5 人场；体育部门有 1 个 11 人场、3 个 7 人场和 6 个 5 人场，共同提供 300 场免费时段供训练营各级梯队训练和比赛，后期新建足球场均优先满足训练营使用，为日常训练和比赛提供了良好的场地保障。

2. 构建多位一体

2014 年，翠园足球俱乐部成立，坚持本土化培养，以翠园中学为校园足球发展基地，培养全面发展的足球队员，并通过参与和举办国家、省、市各种赛事提升竞技水平，不断向国家队、顶级俱乐部、高校输送职业球员，形成了足球人才幼、小、初、高相互衔接的一条龙及“金字塔”培养模式，开创了罗湖区校园足球从幼儿园—小学—初中—高中到大学或职业俱乐部的发展路径。此外，罗湖区为了拓宽足球人才的上升通道，还与同济大学、清华大学、北京理工大学、东华大学、华南理工大学和广东工业大学等重点大学建立了战略性的学术联系。2014 年 7 月与东华大学签约，成为东华大学足球训练基地；2017 年分别与同济大学和深圳佳兆业足球俱乐部签署“苗圃计划”及战略合作伙伴协议，同年 10 月与全国青少年校园足球改革试验区——山东滨州签署了战略合作框架协议。

3. 落实财政收入

2019 年年底，教育部拨付全国青少年校园足球“满天星”训练营经费 140 万元，其中“满天星”训练营建设经费 100 万元，外籍教练经费 40 万元；2021年教育部预拨付专项经费70万元。2020年罗湖校园足球专项发展资金中，罗湖区教育局拨付525万元，主要下拨学校；罗湖区文体局拨付292.46万元，主要用于竞赛、学生培训、教师培训等活动。2016年开始，连续五年累计投入资金3 500万元。

（三）强化教练培训体系，切实提高基层教练员执教水平

1. 坚持中外教练相结合

从2017年以来一直有外籍教练员参与到罗湖区校园足球活动中，由教育部配给的外籍教练分别来自韩国和西班牙。罗湖区校园足球“全明星计划”每年组织两组外籍教练担任低年龄段梯队教练。罗湖营区本土教练配置自近几年密集精准培训以来，D级教练员以上（含D级教练员）50人，其中C级11人、D级38人、亚足联L级1人，大部分来自学校，部分来自购买服务机构。训练营教练员除了来自各学校的本土教练员，还有深圳足球俱乐部的五组教练员，他们常驻罗湖区各学校，其中A级教练员3人、B级教练员2人、C级教练员7人、D级教练员1人和有执业资格的队医5人。

2. 深化落实师资培训

为了提高足球教师的业务水平和综合素养，帮助校园足球教练员打开思路、提升水平，吸引更多专业人才加入校园足球事业，罗湖区校园足球工作领导小组组织了“名师培训校园足球基层教练员活动”，既是“罗湖区校园足球联赛·全明星计划”的重要延伸，同时又是继续向前发展的重要动力。2020年，全国青少年校园足球“满天星”训练营罗湖营区系列活动暨2020年“罗湖区校园足球联赛·全明星计划”教练员、裁判员培训活动在螺岭外国语实验学校举行，广东省青少年校园足球专家委员会副主任罗伟坤和阿拉木斯分别做了“校园足球赛事组织程序”和“2020—2021足球竞赛规则变更概要”主题讲座，罗湖区各学校教练员和裁判员80余人参加了培训活动。此外，“全明星计划·名师培训活动”（简称“名师培训”），2020—2023年三年里共举办14次培训活动，邀请中、韩、英等5国近40名国内外知名专家和教练员来授课，6名教练员参加了出国留学国培计划，教育部大体协—中国足协D级教练员培训班在罗湖举办，极大地提高了罗湖区校园足球基层培训力量，帮助校园足球教练员打开了思路，提高了基层教练员执教水平。

（四）积极落实足球课程，让更多孩子参与足球活动

1. 强化足球育人功能

积极挖掘、发挥足球运动在青少年学生中的独特魅力和综合教育功能，

加强校园足球文化建设，深入推进校园足球运动的开展，让学校的每一个孩子在校园足球活动中找到自己的角色，也就是让每一个孩子都成为明星——足球之星、小记者之星、啦啦队之星、漫画之星、征文大赛之星等。这使更多的学生参与到校园足球活动中，给学生提供了大量社会实践平台，同时也促进了学生社团的发展壮大，让学生意志品质、团队意识、合作态度、公平竞争和责任意识在活动中得到极大的发展，使其终身受益。

2. 强化足球基本技术

只有把过程和结果合理地联系在一起，使学生感受到有好的过程才会有好的结果，感受到自己足球技能和体能、技术等在不同程度上确实有了一定的发展和提高，才能真正激活学生对足球运动的兴趣和爱好。以学生的练习强度、练习密度和掌握技能技术的评价为主，同时注重对学生的态度、心理和行动的评价，使教、学、评走上科学化轨道，促进学生真正的健康发展。

3. 调整课时结构

部分学校参照大学里足球课的课时安排来进行，每次课采用两节连上的形式。这样，每次足球课的时间增加了，无论是学生进行技术学习，还是组织教学比赛，都会有更长的活动时间。充足的上课时间不但使教师能有更多的时间对更多的学生进行指导，也使学生在运动后有更多的时间开展放松活动，提高学生每周的足球课运动量，使学生运动得更充分，更能达到强健身心的效果。2015 年 4 月，全国仅 20 所中小学获得“全国中小学校园足球示范校”称号，罗湖区锦田小学是广东省唯一一所示范校。

（五）强化足球教研，提升科研水平

1. 构建教研体系

各营地学校结合实际制订系统的校园足球教研活动计划，定期开展全区性校园足球教研活动，举行校园足球教学研讨会和教学技能大赛，长期开展以老带新、师徒结对研课磨课活动，聘请足球教学方面的专家和名师到罗湖传经送宝，提升课堂教学质量。积极推进足球进校园和进课堂活动，并将其纳入“阳光体育运动”中，鼓励学生积极参与，做到班班有赛事、人人会踢球。此外，各学校、班级足球兴趣社团，以多种形式开拓校园足球阵地。针对足球特长生进行重点培养，量身制订科学的学习训练计划，使其文化知识、运动技能全面发展。

2. 开齐开足足球专项课

根据国家校园足球教学指南，结合学校教育特点，融合足球教练训练经验，以“循序渐进、普及知识、培养兴趣、健康快乐”为基本要求，促进校园足球运动竞技水平不断提高。罗湖区有全国青少年校园足球特色学校 13 所，省级推广学校 20 所，市级特色学校 39 所，区级特色学校 64 所。罗湖“满天星”训练营营地学校覆盖了全区全国青少年校园足球特色学校，在足球特色校的日常教学中基本实现了全体学生每周一节足球课，部分有条件的学校和年级实现了每周两节足球课的教学计划。

3. 开发利用教学资源

各营地学校开发和编写了满足各年级学生学习需要的校园足球课程和教材，使校园足球活动的开展符合学校教育教学要求。其中，锦田小学、螺岭外国语实验学校、风光小学、淘金山小学等学校创新足球课程，归纳总结教学训练经验，强化足球课堂教学，积极开发和编制足球校本教材，配备多样化足球教学器材，教学训练成效显著。

（六）注重科学训练，提高训练水平

1. 科学制订训练计划

外籍教练员在中方教练的协助下制订训练营不同年龄段的学年、学期和周训练计划，各营地学校在训练计划的基础上，结合本校年龄段的特点组织实施。“满天星”训练营的营地学校结合深圳市四点半课程，每周周一到周五 16:30—18:00 安排不同年龄段的课外足球训练，子营队员在本校营区每周参加不少于两次的足球训练。

2. 积极开展训练辅助

罗湖区是深圳市首个利用“互联网 + 校园足球”大数据平台进行校园足球日常教学、训练及管理的地区，总营教练通过实地考察，并结合大数据平台，拟出各营地学校的总结评价报告，同时推荐优秀队员到大本营。各营地学校教练员每学期末根据营员的表现做出队员评估报告，指出队员的特点、优点和缺点，并提出接下来提高的建议和措施，帮助家长和队员认识到自身的问题。此外，在安全保护方面，无论是在联赛还是集训中，罗湖“满天星”训练营除了每年必须购买运动意外保险和投保场地险之外，还积极开展运动损伤救治的培训，要求每个营地教练每年都必须参加培训和操作训练，通过培训熟练掌握运动损伤的防护与救治。营地学校还购买自动体外除颤仪（AED）、冷喷、冰袋、绷带等运动防护产品，为日常训练和比赛提供必要的医疗保障。

（七）完善赛事体系，增强竞技水平

1. 科学设计竞赛

“罗湖区校园足球联赛·全明星计划”通过班级、校级、区级、市级校园足球联赛等各级赛事，构建“幼儿园—小学—初中—高中”四级联赛体系，以高中为引领，以大学为延伸，以点带面，每年定期举办校园足球比赛，使联赛制度化、常态化。2020—2021 年，全国青少年校园足球“满天星”训练营罗湖营区联赛分设 10 个组别，中学分为高中男子组、初中男子甲组、初中男子乙组和初中女子组，小学分为小学男子超级组、小学男子甲组、小学男子乙组、小学女子组、小学混合组以及全国特色学校组；小学一至三年级安排足球技能测试活动；幼儿园将结合社区和家长另设趣味足球嘉年华活动。

2. 强化竞赛实施

罗湖营区结合实际制定符合比赛特点的足球竞赛制度，为各个联赛的顺利举行提供了政策保障。2020 年 10 月至 2021 年 5 月，全国青少年校园足球“满天星”训练营罗湖营区联赛共举办 580 场比赛，7 场幼儿足球嘉年华活动，2 次训练营最佳阵容选拔，参加队伍 132 支，参赛人员超过 2 500 人。

3. 落实竞赛辅助

针对队员参加训练和比赛耽误了平时的课程和学习的情况，教练组和家长协调安排队员进行补课。如果文化课考试成绩下降，队员将被停训，成绩低于年级平均分，队员也将被警告和停训。

（八）构建足球顶层设计，促进青少年足球人才规模化成长

2014 年 7 月 20 日，广东省乃至全国第一家中学足球俱乐部——翠园足球俱乐部在中共深圳市罗湖区委、区政府的关心关怀下，在罗湖区教育局、文体局的大力扶持下成立，积极构建罗湖校园足球顶层设计。从 2013 年罗湖区翠园中学 8 名运动员入选 U16 国家足球集训队开始，翠园足球俱乐部已成为罗湖区校园足球后备人才培养基地，形成了足球人才小、初、高相互衔接的一条龙培养模式。成果丰硕：2014 年 11 月获得广东省“中国体育彩票”青少年足球锦标赛季军，同年 12 月蝉联深圳市青少年校园足球联赛高中组冠军；2015 年 2 月在中国中学生体育协会主办的中国高中足球联赛中闯进八强，最终获得第五名，5 月获得中国高中男子校园足球联赛总决赛东南区冠军，7 月夺得中国高中男子校园足球联赛总决赛冠军，9 月获得第 43 届亚洲中学生足球锦标赛第四名；2016 年 3 月蝉联中国高中男子校园足球联赛

总决赛东南赛区冠军。翠园中学高二学生段刘愚以百万元转会费加盟中超豪门山东鲁能，翠园中学成为足球明星的摇篮。国家队一次在一间普通学校选拔 8 名学生运动员入选 U16 国家足球队，成为当年国家校园足球的第一大“热点”。2015 年年底，罗湖 5 名学生成功转会广州恒大足球俱乐部，2016 年 2 月，罗湖 2 名学生入选 U19 国家足球集训队，5 名学生入选中国中学生集训队，吸引了国家各大新闻媒体的极大关注。罗湖校园足球的发展不仅是有几名运动员入选国家队，也不仅是拿了几个冠军和多少优异成绩，而是罗湖校园足球发展的模式在全国是首创的。2015 年 6 月，“爱学堂”在线教育与罗湖校园足球工作领导小组签署战略合作协议，先期赞助罗湖校园足球价值 100 万元的在线教育资源，为翠园足球俱乐部 8 名高二学生提供涵盖整个高中所有学科的学习卡，为学生赛事期间学习被耽误的课程提供了充足的保障。同时翠园足球俱乐部还加强与清华大学、北京理工大学、中国人民大学、同济大学、东华大学、华南理工大学和广东工业大学等重点大学的足球项目合作，是中学与高校联合培养、输送足球人才的新的尝试和探索，为俱乐部球员的进一步发展铺平了道路，开创了罗湖校园足球人才培养的新模式，谱写了罗湖校园足球人才培养的新篇章。2015 年 7 月，4 名高水平运动员分别被中国人民大学、东华大学和广东工业大学录取。

（九）推进校园足球的普及，广植罗湖区学校足球人口

为贯彻落实教育部《关于加快发展青少年校园足球的实施意见》的精神，深入推进罗湖校园足球工作，逐步形成罗湖校园足球稳定的赛制、完善的赛系和科学的管理制度，2015 年 6 月成立非营利性社会团体罗湖校园足球联盟，由罗湖辖区 29 所中小学和幼儿园自愿结盟组成，其中高中组 3 所学校、初中组 9 所学校、小学组 15 所学校、幼儿园 2 所。该联盟致力于青少年足球人才系统培养，罗湖区科学规划罗湖区中小学幼儿园足球系统培养工程中的学校布局，构建“高中、初中、小学、幼儿园”四级足球项目布点体系，组织了“高中、初中、小学、幼儿园”四级校园足球联赛体系，确保罗湖区青少年足球竞赛体系的连续性和有效性，健全各级联赛激励机制，为运动员升学等政策提供支撑和保障。2016 年 3 月，罗湖区教育局和罗湖区文体局共同认定 25 所罗湖区校园足球特色学校。

四、未来发展方向

（一）以竞技比赛为手段提升师生专项技能

1. 强调以赛代练，发展运动竞技能力

竞技能力是指运动员的参赛能力。在竞赛成绩方面，罗湖区运动员在参加足球、篮球、网球、象棋、田径、毽球、羽毛球、啦啦操、帆船帆板等项目各级竞赛中百花齐放，刷新了罗湖区多项体育竞赛纪录。其中，在国际级比赛中，田径、足球崭露头角，分别获得第三名、第四名的成绩；在国家级比赛中，足球、网球、篮球、象棋、啦啦操等项目均名列前茅，多次摘获冠军或者取得一等奖的优异成绩；在省级比赛中，啦啦操项目也是获得了一等奖甚至特等奖；在市级比赛中，田径、毽球、羽毛球项目出类拔萃，多次获得单项第一名和团体第一名的优秀成绩。

2. 抓好队伍建设，促进教师专业成长

多年以来，罗湖区高度重视师资队伍建设，教师积极参加国家级、省级和市级教学技能大赛，并取得优异成绩，为罗湖区大体育行动硕果增添了浓墨重彩的一笔。据不完全统计，获得国家级竞赛奖项的体育教师为 1 人次，获得省级竞赛奖项的体育教师为 2 人次，获得市级竞赛奖项的体育教师人次为 27 人次。此外，为发挥学科骨干的引领示范作用，自 2015 年 10 月开始组建学校体育联盟，相继成立 13 个学校体育联盟，培养了 30 位名师，多名体育教师被评为罗湖区年度教师，12 名体育教师被评为深圳市罗湖区先进工作者和深圳市优秀教师。

（二）以校园足球为突破口推进学校体育改革

1. 打造明星计划，加大推广普及力度

据统计，截至 2018 年 12 月，罗湖校园足球推广工作，小学覆盖率接近 70%，初中覆盖率达 84.6%，高中覆盖率达 50%，全区覆盖率首次达到 60%，超过全国青少年校园足球试点县（区）标准。2019—2020 年罗湖区校园足球联赛由涵盖高中、初中、小学和幼儿园的 58 所罗湖校园足球联盟学校的 132 支队伍参加，得到了学校、学生、家长的一致支持，影响面越来越大，累计覆盖人群高达 50 万人次。

2. 强化师资培训，提高教学训练水平

为提高罗湖区足球教师业务水平和综合素养，罗湖区开展“名师培训”，这也是“全明星计划”的重要组成部分。据统计，截至2020年，在近20期培训活动里，来自中国、韩国、英国、西班牙、美国等五个国家近40名国内和国际知名专家和教练员作为讲师给罗湖校园足球教练员授课，6名教练员参加了出国留学国培计划。此外，从2014年以来，罗湖区组织了100多场专业培训，邀请80多名国内外学校体育界的专家为罗湖区体育教师进行专业技能培训，组织500多名体育骨干教师到华中师范大学、江西师范大学以及重庆、杭州、珠海、佛山和阳江等省内外学校进行培训和交流12次。由此可见，一系列的培训和学习极大地提高了罗湖区校园足球基层培训力量，帮助校园足球教练员打开了思路，精准提高了基层教练员执教水平，对教师教学能力的提升效果显著。

3. 构筑竞赛体系，培养后备人才队伍

2015年，罗湖区已完成校园足球竞赛体系建设，建立了5人制、8人制、11人制等赛制，举办校园足球主客场联赛，通过班级赛、校级、区级、市级校园足球联赛等，以赛代训，使罗湖区校园足球竞赛制度化、常态化。此外，罗湖区建立校园足球赛事管理服务系统，实现与国家、省、市校园足球竞赛机制、人才培养机制相衔接，积极鼓励优秀的学校足球队参加跨市和跨省校园足球交流比赛，通过参加各级各类的足球比赛，提高球队的比赛经验和技战术实战水平；建立U10—U17运动员训练营，以国家级运动员的基准进行精英培养，并与足球发达国家足球俱乐部合作，借助专业俱乐部的技术力量，提升校园足球技能水平，鼓励有条件的学校独立或合作成立足球俱乐部。由此可见，确保罗湖区青少年足球竞赛体系的连续性和有效性，健全各级联赛激励机制，不仅能够为运动员升学、学校招生等政策提供支撑和保障，而且能为校园足球壮大后备人才队伍建设。

（三）以体育科研为抓手助推学校体育文化发展

1. 重视经验总结，促进交流学习

罗湖区教育局组织全区体育教师先后开展了多次教材分析活动，积极与各校沟通交流，探讨各校体育教学工作的发展，指导学校体育教学实践和管理，提出合理化建议，创建省市级传统项目学校和高水平运动学校30所，获批全国和省市级体育特色学校57所，并被教育部命名为全国青少年校园足球“满天星”训练营。正因为不断在实践中交流学习、总结经验，罗湖区才得以结出丰硕的果实，形成各校独有的体育特色、体育氛围。

2. 侧重体育研究，丰富体育文化

罗湖区在强调体育教学的基础上，高度重视体育科学研究，在罗湖区教育科学研究院的大力支持下，教研员召集全区有一定科研能力的青年教师，组建了一支务实能干的科研团队，成立体育科研联盟，定期邀请体育学科的专家学者开展学术讲座，召开学术研讨会，并通过参加学科教育教学改革活动以及国家、省、市级课题研究，使罗湖区体育教师科研水平不断提高。近年来罗湖区在教研员的带领下主持省、市级教研科研课题 3 项，其中 2 项课题已结题，并已有阶段性成果；同时参与省级以上课题 4 项，其中 3 项已结题，组织 110 多场专业培训，多篇论文获得全国学校体育教学、训练、竞赛及条件保障体系建设优秀改革成果奖和广东省教育教学成果奖；2018 年 10 月，“一种室内体能锻炼桌椅”还获得国家专利。除此之外，为总结罗湖校园足球发展经验，2019 年 8 月在广东高等教育出版社出版《深圳市罗湖区校园足球推进实践路径》专著，以供各区域借鉴学习。罗湖区在体育教学的基础上，重视体育研究，丰富体育文化，不断地传承和发扬优秀的学校体育文化。

罗湖校园足球在深圳市、罗湖区各级领导的大力扶植和关怀下，在深圳校园足球人口的不断壮大中得到长足的发展，“体教融合”的“罗湖校园足球模式”的创新载体，正是深圳文化体育教育改革的先锋队。未来，罗湖校园足球将更坚定地坚持“沉下心、踏实走、练内功、促发展”的道路，健全机制有组织，课程教材有落实，学生上升有渠道，人才输送有保障，教练培训有方法，借助科技有创新，向着更高的目标脚踏实地继续前行，通过国家级“满天星”训练营来带动省、市、区“满天星”训练营的发展，希望通过自身的努力，为广东乃至全国校园足球的发展贡献力量，为实现“聚是一团火，散是满天星”的全局贡献力量，共同为校园足球更美好的明天而不懈努力！

第五章

全国校园足球特色学校建设成果

第一节　南山外国语学校（集团）文华学校

南山外国语学校（集团）文华学校成立于1995年，其前身为南山外国语学校文华部，是一所集外语、科技、艺术、体育于一身的特色学校，而校园足球特色是其最浓墨重彩的一笔。学校坚持“以丰富多彩的活动营造浓厚的校园足球氛围、以浓厚的校园足球氛围促进校园足球普及”的足球发展理念，在各级教育主管部门的正确领导和社会各界的关心支持下，2009年被确定为深圳市首批校园足球定点学校，2016年被评为全国青少年校园足球特色学校、全国阳光体育班级足球联赛示范校，2019年被评为广东省优秀特色学校。

一、发展目标

足球教育的核心是为了孩子们的发展。学校力求创设并营造积极向上的足球氛围，通过足球课使学生由“球盲”逐渐学会看球、懂球、爱球；通过学校“文华杯”班级足球联赛凝聚集体的力量，提高球员的技能；通过设计队徽，举办摄影、绘画、征文比赛等形式调动全员参与的热情，使足球教育起到培养人、激励人、发展人的目的，促进学生素质的全面提高。

二、条件保障

（一）硬件优良有条件

学校的硬件设施按省一级学校标准一次建设到位，为确保课外体育活动的顺利开展，学校每年有计划、有步骤地加强对体育场地、器材的建设，现有标准300米塑胶跑道田径场1个，标准9人制足球场1个，5人制足球场4个，篮球场3个，排球场1个，羽毛球场4个。场地、器材由专人管理，做到经常维修，定期检查，为课外体育活动的开展积极创造条件，保证学生有足够的活动场地和器材进行课余训练。

（二）健全机构保方向

学校一贯重视体育工作，2009年学校被确定为深圳市首批校园足球定点学校后，学校领导为了更好地开展校园足球活动，专门成立“南外校园足球领导小组办公室”，由校长亲自担任组长，将足球课排进课表，引进专门的师资，协调校园足球开展，做到精细化管理，使日常训练、运动组织开展、推广等工作既能坚持正确方向，又能落到实处。

三、学校特色

学校坚持“以丰富多彩的活动营造浓厚的校园足球氛围，以浓厚的校园足球氛围促进校园足球的普及”为理念，在南山外国语学校（集团）幼儿园、小学、初中、高中全面普及校园足球班级联赛，建立课内外训练衔接的模式，进一步探讨足球俱乐部运作模式，倡导建立南外少儿足球联盟，形成区域内足球运动氛围；做好足球训练的基础工作，重点抓好梯队建设，形成足球兴趣班到足球队的梯队结构。

四、具体工作方法与推进措施

（一）持续开展班级足球联赛等校园足球系列活动，以多彩活动促普及

学校每年都组织系列校园足球活动，如“文华杯”班级足球联赛、亲子足球嘉年华、校队新队员入队仪式、足球队学雷锋活动、足球队家长委员会、中甲拉手球童、我与足球的故事演讲比赛、足球队年度总结表彰大会、校园足球手拉手活动等。经过多年的深耕，深圳南山外国语学校（集团）文华学校校园足球活动的开展已经成为深圳校园足球窗口。

（二）构建足球校本课程，推进足球校本课程实施，把足球教学融入体育课程

在课程设置上，将足球教学引入校本课程，编写足球校本教材。在课程

设置上，二至六年级各年级均要开设足球课，每周至少开设1～2节足球课。同时，借鉴足球相关教学资料与同行的先进经验，研发学校的足球校本课程，在实施中不断地修正完善。

1. 抓普及

各班成立男、女足球运动队各一支，每队有一个以上足球，利用课余时间经常参加活动。班主任老师做好分组、辅导和组织活动等工作。

2. 抓基础

利用体育课、体育活动课、足球品牌社团课等时间进行足球基础教学活动。将活动课的内容重新编排，让学生开展以足球运动为主的体育活动。

3. 抓考核

每学年末学校安排一次学生足球水平考级测试，作为评定学生参加足球训练的阶段性成果的依据，同时开展评优奖惩活动。

（三）建设校园足球团队，营造校园足球氛围，打造校园足球文化

学校通过开展校园足球活动，完善梯队建设。学校拥有男、女各年龄段共六支足球代表队，在每天下午课后及足球社团课的时间进行有计划的训练，保证每天训练一个小时左右。除此之外，学校更是将足球项目列为体育节的表演或比赛项目以及课外活动项目，继续办好每年一届的足球节，多渠道、多途径创设足球文化氛围，使每个学生都得到足球文化的熏陶。

五、取得的效果

（一）球队素质过硬，比赛屡获佳绩

经过多年的努力，深圳南山外国语学校（集团）文华学校校园足球活动的开展已经成为深圳校园足球窗口，足球队成绩更是从无到有，从弱到强，从一支零基础的足球队慢慢地转变成了深圳市的一支足球强队，不仅在南山区比赛中多次获得优异成绩，更在全市、全国比赛中屡获佳绩。

（二）促进教师专业发展，提升教师专业素养，助力校园足球稳提升

学校拥有12名体育老师，其中有1位全国校园足球讲师、4名足球专业老师，学历均为本科以上。其中，邓展望老师经过十年的校园足球教练员培训班学习及实践，现已经成为国际足联草根教练员讲师、全国青少年校园足

球指导员讲师，2012 年被评为全国校园足球活动优秀指导员，2014 年被评为深圳校园足球活动特别优秀教练员；2014 年 4 月，深圳电视台《我的深圳故事》栏目对其努力传播校园足球的事迹进行了专访；2015 年 5 月，中央电视台《少年足球说》栏目邀请其到中央电视台录制节目；2015 年 9 月，首批全国校园足球教练员赴法留学，其作为深圳校园足球唯一代表赴法学习并获得优秀学员称号；2016 年，其承担的校园足球课程“中法小学校园足球训练游戏时效性的对比”被纳入中国教师教育网国家级教师培训课程资源库，为校园足球的进一步发展提供了有力保障。

在未来的发展中，学校将继续坚持“以球健体”“以球辅德”“以球促智”，通过普及性校园足球联赛，让所有学生在体育竞赛中，既能不断提高身体素质，强健体魄；又能养成遵守行为规范、积极向上、团结合作、相互帮助的良好品质，学会和同伴们共同分享成功的喜悦，一起勇敢地面对挫折；更能凭借在足球运动中养成的良好意志品质促进自身智育的良好发展，实现素质教育的全面丰收。

第二节　福田区园岭小学

一、精心打造校园足球文化特色

园岭小学以“一杯一队一课一操”为抓手，在校园足球文化建设方面成效显著。其经验得到了专家的认可，被认为具有较高的推广、示范价值。

（一）“一杯”：全校师生参与，打造足球盛宴

每年开展以班级为单位的“校长杯”班际联赛，在学生中普及足球知识和技能，结合摄影、绘画、作文和啦啦操等活动内容，形成校园足球文化，无论场上的队员，还是场下的同学及家长，每年的“校长杯”始终是他们关注的热点。“校长杯”足球赛已经成为园岭小学的足球盛宴。2018 年的“校长杯”足球赛暨小小世界杯，跨度长达一个月。在一个月的时间里，园岭小学不断丰富杯赛的内涵，使得比赛超越单纯的竞赛意义。

（二）“一队”：打造完整梯队，凝聚全校精神

梯队完备的校队不仅可以为学校争得荣誉，提升学生的凝聚力、荣誉

感，更可在学校形成“向心力”，让学生心向往之，不断向上。只有建立和完善各级校队，才能让校园足球文化有“落脚点”。

（三）“一课”：足球进入课表，全面提升体质

把足球运动作为体育课的常规教学课程纳入课表，这一课不仅仅涵盖了体育课增强体质的内涵，还要求学生能够掌握足球运动技能，以此增强他们团结协作的团队精神、克服困难的拼搏精神、尊重对手的竞赛精神，有效塑造学生的健全人格。

（四）“一操”：艺术体育结合，营造浓厚氛围

足球啦啦操是足球体育运动文化的重要组成部分，其将艺术体育相结合，营造浓厚氛围。每班独有一支啦啦操队，让其独有的“时尚、活力和团队精神”去赢得所有学生的喜爱。

二、具体实施情况

（一）丰富杯赛内涵，促进学科整合

“校长杯”标志设计、摄影比赛、绘画大赛：以足球为创作主题，让体育插上艺术的翅膀。心意卡制作：语文、英语学科通力合作，培养园岭学子“心怀天下”的国际视野。小记者：提升学生的人文素养，是语文学科表达能力、写作能力在体育主题下的“落地”。啦啦操比赛：既是音乐、舞蹈水平的较量，更是团队精神的体现。

（二）拓展活动种类，创新德育形式

校园文化展示、布置：提升学生审美情趣。足球比赛、技能大赛：在团队合作、集体主义教育中提升学生抗挫折的能力。足球文化研究、知识竞赛：拓展国际视野，培养学生“胸怀天下”的素质。

（三）加强足球课程、训练及竞赛

（1）推动足球校本课程的开展，全校各年级每周安排一次足球课，促进全体学生掌握足球基本技术。

（2）保证足球课的质量。园岭小学足球教材成为符合学校实际的足球教育原创产品，并在实践中不断得到完善，更符合校园实际，更利于推广。与此同时，通过科学设计足球课程进度，在体育课中增加了大量关于足球的内容，真正为普及提高足球水平奠定了基础。

（3）提升教师队伍质量。加强足球教师队伍建设，建立不断提升培训的

长效机制。此外，引进外教，为足球教学注入新鲜血液，提升足球教育团队的整体教学力量，拓展训练视野，增强临场指挥能力。

（4）引入高科技手段。通过先进的信息技术（大数据、人工智能和云计算等）提升校园足球的智能化水平。利用仪器采集部分学生的运动心率、跑动距离等数据，对学生的体能、技战术等进行科学分析，从而建立规范、科学的数据库，为体育科研提供数据支持。

（5）完善各级队伍的选拔和组织训练与比赛。精心准备各类赛事，每学期定期举行班级之间的足球联赛和亲子足球活动，获得广大家长对足球的关注和支持。此外，重视足球技战术训练，为每个队员建立个人档案，确保足球尖子“周不离球、月不离赛”。

（6）完善各班啦啦操队的组建。尽可能多地吸纳成员，扩大参与面。在啦啦操日常训练和节目排练的过程中，渗入足球文化的理解教育、审美情趣的养成教育。

三、取得的可喜成绩

2014 年，园岭小学足球队迎来了井喷式的爆发，在各级比赛中斩获了诸多桂冠。2015 年，园岭小学足球队从 180 支球队中脱颖而出，一举夺得“达能少年世界杯”中国区总决赛冠军，并代表中国到摩洛哥参加总决赛，获得佳绩。2017 年，学校足球队以全胜的战绩，夺得深圳市校园足球赛和福田区第十三届小学生“校际杯”足球赛“双料冠军”。其中，更是在福田区小学生“校际杯”足球赛上完成四连冠的壮举，开创了福田区校园足球的“园岭时代”。

第三节　深圳实验学校

深圳实验学校在建校初期就提出了“实施以爱国主义教育为基础的健全人格教育”。经过 20 多年的实践，又提出了“人格健全、学业进步、特长明显、和谐发展”的培养目标。多年来在实施健全人格教育的过程中，以学生广泛参与为前提，几十年如一日地将健全人格教育落实于学校各项课程和活动中，逐步形成了具有实验特色的学校文化。作为深圳市足球传统学校，校园足球成为学校开展健全人格教育的重要途径和主阵地。从始于20世纪90年代并延续至今的“校长杯”班级足球联赛到相继成立的校级足球社团，以及凭借教育集团小、初、高一体化办学的优势，不仅持续不断地将校园足球活动向前推进，更充分挖掘了校园足球课程中丰富的人格教育资源，全面落实了健全人格的教育。

一、发展目标

校园足球活动的开展及足球人才的培养，既符合孩子的天性，又顺应时代发展的要求。奠基校园足球，关键在于做好两件事。一是普及。普及足球进课堂，创建校园足球特色学校。二是提高。构建一支高水平的足球专业师资队伍，建立有效的训练、竞赛体系，在普及的基础上实现提高。

二、条件保障

学校体育指导思想明确，重视学校体育和学生体质健康工作，把校园足球作为增强学生体质健康的重要举措，将校园足球纳入学校发展规划和年度工作计划，有校园足球发展目标及规划并符合学校实际，不断普及校园足球运动，成立了以集团校长为组长的校园足球工作领导小组。各学部主任对校园足球工作进行科学规划和监督管理，敦促常规训练的落实，各项赛事亲自到场督战，为学校足球屡创佳绩提供了坚实的后盾。

三、具体工作方法与推进措施

（一）小初高一体化，重视衔接成体系

1. 小学足球课程——以快乐足球为宗旨

根据足球运动和小学生的特点，遵循教育性、人本性、趣味性的原则，在课程内容的选择和组织上“去竞技化”，对课程教材进行具体、形象、生动、活泼的游戏化加工改造，以增加足球教材的趣味性，让学生在游戏中掌握足球的技术技能。

2. 初中足球课程——智力体力相结合

初中足球课程主要分为学校体育课、体育活动课和课外体育活动三大板

块。根据不同学生的身心特点，通过足球必修课、校本课选修、足球社团三种方式，向学生传授足球基础知识、常见的身体素质锻炼技巧、足球技战术、足球规则等。把学习足球技术技能和发展智力有机地结合起来，获得最佳的教育效果。

3. 高中足球课程——形式多样促提升

高中足球开展形式有足球课教学、足球社团、班级足球比赛、校际间的足球比赛。足球课教学包括足球必修课、足球选修课和足球校本课。足球必修课本着普及原则，规定高二男生的体育课为足球必修课。高三年级的足球选修课，面向对足球有兴趣，并且有一定足球基础的学生，强化足球技术和技能，通过小场地比赛，增强学生的实战能力。三个年级每周一节的足球校本课，本着兴趣原则，只要是喜欢足球的学生均可参加。足球课，在提高学生基本身体素质和足球专项素质的同时，还培养了他们的意志力和团队精神。

（二）“三位一体”，打造足球强校

1. 师资队伍建设——师资专业蓄势待发

学校从 20 世纪 80 年代末到 90 年代中期，从全国各地陆续引入了体育学院的足球专业教师和具备了教师资格的足球专业退役运动员。他们在 20 世纪 80 年代都曾代表不同省份参加过全国甲级联赛和全国运动会足球比赛，并且又都经过体育学院 4 年的专业学习，其实践经验与理论知识的有机结合，在构建高品质的校级足球社团过程中，在足球人才培养及竞技水平提升上起到了至关重要的作用。

2. 学生队伍建设——梯队建设有保障

在学校领导的倾力支持下，在办学品牌及优质教育资源的驱动下，每年初中足球特长生的招生都会吸引深圳市大批具有良好足球天赋且具备了一定足球基本技术和技能的学生参加。通过考核，部分应试者成为学校初中部的学生。初中每个年级有一个校级社团，高中三个年级一个校级社团，高中每年招收的足球特长生，绝大多数来自学校的初中部。学校内部已形成了一套较为完整的队伍衔接和输送体系，加上面向全深圳市特长生的引进，为队伍梯队的衔接与输送提供了强有力的保障。加强与完善不同学段的队伍建设及有效衔接，形成良性的输送体系，是多年以来发展学校校园足球的一贯主张和优势所在。

3. 专业训练——不辍学习以专促专

不辍学习有两层含义：一是进入学校的初中、高中足球特长生，必须跟

其他学生一样完成国民教育体系中开设的所有课程，以及参加学校组织的各项活动，而训练则安排在每天的课余时间；二是即使是曾受过专业训练和专业学习的教师，也必须继续学习，只有构建全新的与当代足球发展趋势相一致的训练理念与方法，才能真正实现以专促专。

四、取得的效果

学校代表深圳市参加广东省第十五届运动会获得季军；以学校队伍参赛获得两届全国青少年锦标赛冠军；深圳实验学校足球队代表国家学生队伍参加国际比赛获得冠军。学校向各级国家队、各职业球队及梯队、全国多所大学输送人才共50多人。

第四节　深圳中学

深圳中学建立于1947年，作为以这座城市名字命名的中学，一直坚持“追求卓越，敢为人先”的精神，提出“建设中国特色世界一流高中”的办学目标，致力于培养具有中华文化底蕴和国际视野的拔尖创新人才。深圳中学围绕培养目标，设计符合学生年龄特点和身心成长规律的体育课程与活动，提升学生体育素养，培养体育拔尖人才。1998年，深圳中学与深圳平安足球俱乐部联合成立了深圳中学业余足球俱乐部至今，开创了深圳体教结合之先河，实施“精英球队共建模式”。该模式注重梯队的建设与发展，充分利用学校给予的足球特长生的特招政策，从中为深圳中学初中直至高中代表队选拔优秀可造的，既在专业方面突出，又注重文化成绩的双优队员，使培养的队员既有合理的进口，又有理想的出口。

一、发展目标

坚持以“立德树人”为根本目标，打造“团结、拼搏、进取、欢乐”的校园足球氛围，建设一支“有理想、有素养、有智慧”的高水平足球队。

二、条件保障

（一）学校重视、制度落实、科学管理

深圳中学对学校的体育工作和学生的体质健康，包括校园足球工作非常重视，将其纳入学校发展规划中，实行由主抓教学工作的副校长作为责任人负责宏观管理，学校学生处主任负责细化管理，校代表队（高中、初中两队）实行主教练负责制下的教练组管理模式，并对学生足球社团发展与活动开展给予指导。这种一条龙的自上而下的管理方式保证了学校校园足球和校代表队的健康发展，也是一直以来取得较好运动成绩的必要条件。

（二）条件保障、经费落实、队伍健全

学校按要求申请专项资金，新建、改建了保证教学与训练的场地，高中部足球场铺设了天然草皮，初中部铺设了人造草坪，并配备了专职场地管理人员，全天候对学生开放，保证了教学与训练的正常进行。学校还利用节假日等长假，请专业种草公司维护保养场地，每年两个场地保养维护费用近 30 万元。高中、初中校足球代表队共配备了教练员 6 名，其中 3 名为学校足球专业教师，3 名为市体校下派的专业足球教练。教练员定期参加各级各类专业培训，其中 1 人为中国足协 C 级教练员培训讲师，3 人为中国足协高级教练员，2 人为中国足球协会中级教练员。学校为了使球队健康地发展，还为球队配备了训练、比赛的专项资金，为球队提供了必要的物质保障。

三、学校特色

为建设高水平足球队，培养高素质精英球员，学校在 2016 年和 2019 年先后与深圳市足协、深圳市足球俱乐部合作，实施“精英球队共建模式”，充分借助专业力量，确保队员在足球专业方面得到最大历练与发展，学校主要负责队伍的学业与生活方面的教育与管理。

四、具体工作方法与推进措施

（一）落实足球课程，夯实发展根基

学校对体育工作非常重视，按照国家课程改革的要求，坚持健康第一，

深化学习体育改革，开发学生自主学习、理性学习、智慧学习的潜质，通过体育及足球作为立德树人的载体，积极推进素质教育，促进学生全面发展，健康成长。在体育教学内容的安排上，将足球课设定为必修课，于2002年体育课程改革之初就开发和编制了足球校本教材，为达到普及足球运动的目的，高一阶段的每一个学生通过足球教学，对足球运动知识有所了解，掌握基本的足球运动技能，并能参与教学比赛，经考试合格后获得必修课学分。

（二）训练形式多样，保证训练效果

1. 校代表队训练

训练频次为6次/周（含比赛1场）；训练时长为90～120分钟/次；教练组共计4名教练（共建单位教练3名，校内教练1名），彼此分工明确，各司其职，精诚合作；训练理念为训练来源于比赛、服务于比赛，训练内容从比赛场景中来，训练强度高于比赛。

2. 社团训练

面向爱好足球的普通学生，在课后延时课程中聘请专业老师开设足球训练课，满足普通学生的技能提高需求。

3. 班队训练

在班际比赛前夕，各班主动利用课外时间，自发训练，有的由班内学生做教练，有的由班级任课教师做教练，有的由家长负责训练。

（三）以赛带练，提升整体水平

1. 校内班际足球赛

一年一次的校内班际足球赛，已建立常态化、制度化、规模化的机制，成为广受师生好评的校内大型活动。

2. 单项技能竞赛

融入校运会，竞赛主要以班级为单位，比拼课内教授的技能的掌握情况。通过竞赛推动课程学习与课外练习，尽量提升覆盖面。

（四）丰富活动形式，营造良好氛围

学校还将每天下午第三节课后的时间交给学生，并为其提供所需的运动场馆设施和器材，保证学生课余体育锻炼的时间。学校成立了十多个学生体育社团，为喜爱这些项目的学生提供进一步发展与提高的平台。足球社社员不仅有男同学，还有女同学，每天放学后，足球场上都是人员爆满。而每年定期举行的“校长杯”足球赛，是学校开展了近30年的传统赛事，该项赛事包括男队、女队的比赛；分年级比赛产生年级冠军；年级冠军参加学校的

总决赛产生学校的总冠军；各年级优秀球员组成年级代表队，参加学校全明星足球赛。这些赛事对足球项目的普及与开展创造了良好的条件。

五、取得的效果

（一）成绩突出，培养双优型人才

近30年来，深圳中学足球队参加了全国U系列比赛、省足球传统项目学校比赛、市中学生足球赛、市校园足球赛、可口可乐足球赛等赛事，取得了优异成绩，其中，全国冠军3次（2016“我爱足球”中国足球民间争霸赛总决赛、2019年第二届全国青年运动会足球项目体校组十一人制U14、第六届“舒莱狮·海西杯”全国青少年足球邀请赛U12）；亚军2次［中国足球协会2018全国室内五人制足球少儿（U15）锦标赛、第四届内蒙古自治区“电力杯”“一带一路”国际青少年足球夏令营］；除此之外，2017年获得深圳市班级足球赛初中组亚军；2018年获得深圳市班级足球赛初中组冠军。

（二）稳扎稳打，输送人才多

经过10多年的努力，深圳中学向国内外俱乐部及专业梯队输送运动员10多人，输送到深圳市队参加全国U系列赛、省运会及省中学生足球赛20多人，向各区体校输送参加市运会的运动员30多人次；向北京大学、北京交通大学、北京体育大学、上海交通大学、同济大学、中国人民公安大学、中山大学、华南理工大学、暨南大学、四川大学等全国重点大学输送体尖生达数十人。

第五节　罗湖区翠园中学

翠园中学自1991年成立足球队，2011年被确定为深圳市足球传统项目学校，2014年9月成立广东省第一家中学生足球俱乐部——翠园足球俱乐部，2016年被评为全国青少年校园足球特色学校。20多年以来，翠园中学校园足球经历了从无到有、从小到大、从弱到强的巨变。翠园中学更是以足球项目为突破口，冲破传统体育人才培养的樊篱，探索出了适合青少年成长与成才，体现对人的终极关怀，着眼于人的全面发展和可持续发展的新模式——俱乐部机制下运行的体教结合的新模式。

一、发展目标

翠园中学秉持“传承—创新—发展”的工作思路，在“办具有现代学校制度，实现科学发展的卓越高中”的办学目标上，坚持有效利用全市中小学足球联赛选拔特长生，强化联盟学校的交流和激励性支持，选聘优秀职业教练员并积极参加各类比赛，实现“为大学输送有足球特长的优秀学生，为职业足球俱乐部输送优秀的球员，为孩子的终身幸福奠基”的校园足球发展目标。

二、条件保障

（一）健全组织领导

全面实施一把手校长总负责、分管校长具体负责、校园足球办公室具体协调安排工作的工作机制，同时加强对校园足球工作的协调配合，逐步建立分工合理、职责明确、运行规范、服务周到、监督有效的管理体制和运行机制。

（二）纳入工作规划

每年把校园足球工作纳入年度工作规划。每月召开一次由各部门负责人、教练、教师代表、家长代表参加的工作例会，凝聚合力，推进学校校园足球的健康、规范发展。

（三）加大经费支持

进一步加大对校园足球经费的支持与倾斜力度，将校园足球经费纳入学校年度教育经费预算。足球训练经费、比赛经费、奖励经费单独列支，加强经费管理，确保专款专用。所有外出比赛活动，足球俱乐部都为运动员购买了运动伤害险，充分保障运动员的权益。

（四）完善场地设施

学校场地设施、器械设备已经达到国家标准，有专门 11 人制标准足球场地，有专门灯光设备，也是罗湖区唯一标准场地，随时满足教学和课余足球训练需要；学校设有专门的翠园足球俱乐部，内设办公室、足球办公室、器械室、休息室、更衣室、冲凉房、卫生间等；足球器材充足，实时补充。学校制定财政经费预算时已将足球相关器材购买费用和活动开展经费纳入，由专门的器材管理室报批给总务处及时更新设备。

三、学校特色

翠园中学足球俱乐部以四级联赛机制为主导，组织球员以文化学习为主，以足球训练为特长发展项目，采用初中部、东晓校区和高中部紧密结合的阶梯式培养方式，为大学和职业足球俱乐部培养高水平球员。

四、具体工作方法与推进措施

（一）实施多元化教学，大力开展校园足球宣传活动，抓实校园足球教学体系建设

1. 强化足球教学和课外锻炼

用传统校园足球授课模式、足球知识竞赛、足球绘画比赛、班级对抗赛、世界杯知识讲座、晨会课堂等学生热爱的方式推动校园足球的发展。

2. 深化推进校园足球文化建设

经常开展以足球为主题的校园文化活动（如摄影、绘画、征文、演讲等），动态报道足球活动，交流工作经验，展示特色成果；为校园足球设立公告栏，发布一些校园足球文化宣传，加大校园足球的宣传力度。

3. 保证体育时间

严格按照国家要求，完成体育课课程量，保证学生每天一小时校园体育活动；定期组织体育教师开展足球培训活动，提高全体体育教师整体素质，促进学校足球教学工作的深入开展。

（二）抓好足球队伍建设，提高足球训练水平，完善训练体系，形成小、初、高相互衔接的一条龙培养模式

学校足球队的训练以每三年为一个周期。首先，吸收对口小学的优秀队员参加寒假、暑假的训练，发现苗子，每年通过测试、考核招收 20 名优秀的小学毕业生进入学校足球队，为球队注入新的血液，使学校足球队能够形成梯队。其次，学校注重学生的学习和全面发展，为高中部输送德智体美劳全面发展的优秀学生球员。这样，就形成了小、初、高相互衔接的一条龙培养模式。

1. 健全训练制度，做好训练保障

健全的训练制度能够做到定时间、定场地、定人数，校内定期举办面向初一、初二的班级足球比赛，不仅培养了学生对足球的兴趣爱好，也通过比赛发现更多优秀、有天分的少年。

2. 定期比赛，夯实基础

定期开展年级、班级联赛，能够做到有组织、有计划，由学生在教师的指导下组织自己的联赛。

3. 完备管理制度，抓好队伍建设

足球队内部制定了完善的管理制度和奖惩措施，对运动员的学习、生活、训练有具体的规定，使队员在学习、生活、训练中有章可依。

4. 关注学业，文化训练两手抓

学校不仅关注他们的训练，更加重视他们的学业。不少队员在学校有计划、有目的地培养下，不光是体育尖子，同时也是学习标兵。如段刘愚同学，参加直升考试入围，被保送到翠园高中部。两位国少队队员中考成绩优异，直接考进翠园高中部。

（三）以赛代练，采用“走出去，请进来”策略，切实提高球队水平

每年固定参加省、市及全国5～6项赛事，共计约60场正式比赛。足球训练为比赛服务，队员通过参加各种比赛提高比赛能力，积累比赛经验。根据学生年龄差距，分别安排各种比赛。学校尽可能创造条件给队员外出比赛，让球员的技术、战术和意志品质在大赛中得到提高，在大赛中体验成功与失败，促进学生的不断进步。同时，每年从年级、班级两个不同层面的足球兴趣小组中依照学生的兴趣表现、基本技能等要求，不断选取好苗子，充实校运动队各年龄段队伍，同时做好向高水平运动队输送苗子队员的工作。每天坚持规范化训练，进一步加强对队员的考核管理力度。坚持“请进来，走出去”的思想，主动参赛，主动学习，以赛促练，进一步提高球员竞技水平，为参加各级比赛打下良好的基础。

（四）加强师资队伍建设，提升校园足球队伍整体水平

1. 加强校园足球教练员队伍建设

积极组织足球教练员参加各级部门组织的各类培训活动，深入学习先进的足球理论和技术战术；邀请高水平的职业足球教练“手把手”为教练员传

经送宝；进一步强化以足球为主题的集体备课，组织开展以校园足球为专项的课题研究，有效地提高足球教学的水平。

2. 加强校园足球班级指导员队伍的建设

一方面，进一步加大对班级足球运动员的关心与支持力度，力求学科知识学习与足球运动两不误的好局面；另一方面，加强足球理论知识、基本技能的学习。能在大课间活动时间，通过简单的师生对抗、丰富多彩的足球游戏等多种形式对学生进行足球启蒙教学，进一步夯实开展校园足球的学生基础。

五、取得的效果

（一）校园足球成绩斐然

翠园中学足球队依托翠园足球俱乐部，取得多项令人瞩目的成绩。先后获得深圳市青少年校园足球联赛高中男子甲组冠军、广东省青少年足球联赛冠军、广东省第十四届全运会男子足球赛（甲组）亚军、全国首届中国高中男子校园足球联赛总决赛冠军、亚洲 U18 中学生足球锦标赛第四名、2016 年 3 月蝉联中国高中男子校园足球联赛总决赛东南赛区冠军。还有从翠园中学足球队走向中超俱乐部的职业球员——以百万元身价签约山东鲁能的段刘愚；5 人曾被遴选到英国、西班牙、巴西等国家职业俱乐部青训队集训；8 名队员曾参加 U16 国家少年队集训；4 名队员代表国家参加 U16 亚洲少年锦标赛；2015 年底 5 名队员成功转会恒大足球俱乐部，2016 年 2 月又有 5 名小将入选中国中学生国家队，还有多名队员被富力、申花、上港等中超豪门相中，成绩斐然。

（二）营造了良好的校园足球氛围

学校以校园足球活动为平台，通过校园足球活动的开展，形成了浓厚的校园足球文化氛围，创建了一系列校园足球特色活动，增强了学生体质，树立了师生的团队意识，营造了健康和谐的校园文化。“人人都参与，班班有球队，年年搞比赛”已经成为长效机制，基本实现了全体学生参与足球活动的目标。

第六节　宝安区新安中学

新安中学和深圳市宝安区青少年业余体育学校近三十年来很好地实行了体教结合、相互支持、相互补充的管理模式，成功地打造了深圳女足品牌。2011 年，学校被评为深圳市唯一的一所女足高水平运动项目学校，2016 年被评为全国青少年校园足球特色学校，2018 年成为全国校园足球“满天星”训练营分营。

一、发展目标

学校高度重视体育和学生体质健康工作，把校园足球作为增强学生体质健康的重要举措，坚持健康第一的教育理念，帮助学生在体育锻炼中享受乐趣、增强体质、健全人格、锻炼意志，希望通过足球运动项目，做到“以球辅德、以球健体、以球促智”，力促学生德智体美劳全面发展。

二、条件保障

（一）组织保障

学校高度重视校园足球的发展，成立了以集团校长为组长的校园足球工作领导小组，将校园足球纳入学校发展规划和年度工作计划，制定校园足球发展目标，不断普及校园足球运动。此外，学校还聘请了宝安区青少年业余体育学校校长彭玉华，深圳市教育科学研究院黄镇敏，宝安区教育科学研究院王凤玲、甘柳庭等专家担任顾问，为学校足球运动的开展提供专业指导和管理建议。

（二）训练保障

1. 制定管理制度

学校组建高一、七年级足球特长生招生小组，严格落实教学管理规章制度以及课余训练和竞赛规章制度，常态化参加省、市、区级培训。

2. 保障师资力量

体育教师配备达到国家标准，同时外聘机构参与足球课外教学以及校队管理、训练。学校根据各年龄段的训练管理需要聘请专业教练员，打造了一支业务精良、分工细致、团结协作的专业教练团队。除了负责学校足球主要工作的体育科组长张汉强老师外，学校还聘请了专业教练陈俊杰、张岩、许蕾、黄志达、邓新、陈晓林、李强、李亮标、林晓雪、张晓瑜、高平、江航、肖炫、郑修泰、魏坤辉负责不同年龄段的男足、女足训练和足球社团活动开展。

3. 激励师资队伍

将体育教师开展体育教学和足球训练及活动计入工作量；保证体育教师在评优评比与工资待遇、职务评聘等方面享受同等待遇；健全工作机制。

4. 完备场地设施

学校场地设施、器械配备达到国家标准，其中，集团高中部配备 11 人标准足球场，初中部配备 7 人足球场，满足教学和课余足球训练需要；足球器材数量齐备，并有明确的补充机制；体育经费投入充足，每年生均体育经费不低于生均公用经费的 10%；每年购买场地险及球队学生的运动意外伤害险，确保在校活动区域学生和外来运动人员的安全得到保障。

三、学校特色

新安中学与宝安区青少年业余体育学校合作开展宝安女足的建设，实施宝安校园足球“区域协同”人才培养模式，建立了女足特长生“小学—初中—高中”的人才培养通道，不仅带动了区域校园足球的发展，也吸引了宝安区女足队员集中到本校，成为支撑宝安女子足球发展的核心力量。

四、具体工作方法与推进措施

（一）加强队伍建设，选拔和组建各年龄梯队

学校成立兴趣小组，组建班级代表队、年龄段代表队，校级男足代表队每周 4 次正常训练、比赛，女足则每天训练，代表宝安、深圳参加各级比赛。其中，学校通过体育课、足球主题活动、足球社团等途径挖掘足球人才，组建的球队在经过科学的训练后，代表学校参加各级各类比赛。学校足球氛围浓厚。

（二）以足球社团为抓手，积极开展创建活动

学校每年组织“校长杯”班级足球联赛，同时积极参加区域内校园足球

联赛，并承办本地足球比赛主场赛事。学校足球队员参加训练、比赛的同时还不能落下文化科目学习，其文化成绩须达到同年级平均水平。

（三）完善校园足球竞赛体系，坚持全员参与

学校严格落实体育运动在基础教育阶段学校的要求，开足开齐体育课，七至九年级每周3学时，高中各年级每周2学时。学校结合办学特色，做到义务教育阶段把足球作为体育课必修内容，每周每班不少于一节足球教学课；高中阶段学校开设足球选修课，每天安排有体育大课间跑操活动。在此基础上，基本达到全体学生参与足球的目标，为落实“全员参与的竞赛体系”提供了人才保障。

（四）组织开展各类足球专项培训

制订科学的训练计划，每学期邀请校外专业教练员提供技术指导；定期开展足球培训活动，提高体育教师的足球素养；开展班主任足球专项工作培训、学生足球裁判工作培训，设立足球裁判员培训班，评选出优秀裁判员。

（五）足球文化浸润式铺开

学校建立了校园足球信息平台，动态报道足球活动、交流工作经验、展示特色成果；搭建宣传媒体库，挖掘典型优秀案例，以点带面，对学校校园足球工作及特色活动进行宣传推广，提升学校知名度，《足球》《深圳特区报》《宝安日报》等媒体皆对学校校园足球的教学成果进行了深入报道，新安女足已经成为全国具有影响力的品牌。

五、取得的效果

（一）健康第一，体质健康显著提升

新安中学以“育人为本、和谐发展”为办学理念，坚持健康第一，每学年《国家学生体质健康标准（2014年修订）》测试率达到100%，2020年《国家学生体质健康标准（2014年修订）》测试中优良率达到48.4%。

（二）体教融合效果好，输送人才有优势

学校为全国、省、市足协培养了众多优秀人才，培养了谭青、陈丽娜、武苗苗、孙晓凡、刘艳秋、张岩等现役及往届国少、国青队队员，其中刘艳秋于2019年入选国家队，参加在法国举行的女足世界杯；也输送了赵文婷、黄小林、詹樱、陶祝丹、刘植祯、周雅婷等一大批省队队员，她们于2017

年8月代表广东省参加第13届全国运动会女子足球青年组比赛，获得亚军，同年在广东省“省长杯”青少年（竞技组·女足乙组）比赛中获得冠军。学校每年都输送不少优秀学生运动员到省、市队伍中继续往上发展，周倩等21名女足队员参加从2020年8月开始的全国青少年校园足球夏令营选拔，通过市、省等层层选拔，最终初甲（刘芝敏）、高甲（赖文静）、高乙（钟咏恩）入选分营最佳阵容，进入总营活动，初甲（刘芝敏）更是发挥高水平，入选夏令营（总营）最佳阵容，从而获得申报国家一级运动员的资格。

第七节　福田区下沙小学

福田区下沙小学是一所全日制六年制的公办学校，迄今有80多年的办学历史。80多载风雨沧桑，下沙小学积淀形成了“让每个生命蓬勃向上”的办学理念，学校以足球运动为突破口，着力打造具有红树精神的新品牌学校，努力培养“朝气蓬勃，奋发向上”的新时代社会主义建设者和接班人。2018年获评“全国青少年校园足球特色学校”和“校园活力全国100强”。

一、发展目标

下沙小学抓住福田区城中村整体提质升级的历史机遇，从地缘优势出发，以“让每个生命蓬勃向上”为办学理念，以“朝气蓬勃，奋发向上”为校训，本着“健康第一”的思想，以校园足球为抓手，落实立德树人根本任务，全面培养社会主义建设者和接班人。

二、条件保障

学校在推动校园足球工作时，无论是人员还是经费方面，都是不遗余力的。学校建起了七人制标准足球场，学校每学期都与福田足协合作，聘请4名专业足球老师，另加3名本校足球专业的体育老师，共同承担学校的足球课和足球队训练。学校一至六年级安排每班每周一节足球课。学校从足球的初步认识、基本规则到运动常识，循序渐进地对所有学生进行足球知识及运动普及。

三、学校特色

“三·三”模式是下沙小学探索出的校园足球发展路径，即“三元联动”的足球发展方式：“三域融合”的足球校园文化，“三维评价”的足球助推体系。

四、具体工作方法与推进措施

（一）科研引领

2016年，在深圳市福田区教育局、深圳市福田区教育科学研究院的指导下，学校参加华东师范大学主持研究的国家级社科基金（教育学）重点项目（ALA150010），并申报了该课题的子课题“学校、家庭、社区三元联动模式研究”。课题研究使学校的体育工作有幸赢得了体育专家的跟踪调研和直接指导，明确了借助三方合力推动校园足球的思路和行动。课题研究结果荣获总课题组特等奖的鼓励。

（二）三元联动

“三元联动”指以学校为主体，家庭和社区积极参与协助的校园足球推动形式。

（1）学校：是校园足球的主体，是校园足球教学、训练、竞赛的主要承担者。

课堂打基础。“把足球踢进课堂”——是学校对体育课堂教学一项重要改革。

训练强技能。每天下午四点半课程、每周三下午半天时间是足球队训练时间。校足球队、年级足球队主要在这段时间训练，体育课堂是班级足球队基本功训练的主要时间——除了每周一节足球课外，每节体育课都会留出时间进行足球普及训练。

竞赛激兴趣。一是校内赛。每年春季举办“校长杯”竞赛，采用“单循环”赛制，同时举办单项足球技能赛（颠球、运球、绕杆、射门、踢远、踢准等），全班参加。二是参加区内校际比赛，增进友谊，锻炼队员。三是参加市足协举办的各种比赛，如深圳市青少年足球精英联赛、佛山市无影脚全国邀请赛等。

（2）家庭：是校园足球健康发展的坚强后盾，有了家长的大力支持，校园足球才能蓬勃发展。

督促鼓励。家长对孩子参加足球训练非常支持，如为孩子购买运动衣，鼓励孩子报名等。当孩子因为疲惫而松懈时，家长们都会千方百计地鼓励孩子坚持。很多家长利用节假日，为孩子们呐喊、拍照、送水等，全程陪同竞赛与训练，自觉做好后勤保障工作。

无偿教练。每学期开学，家长都会和足球教练汇聚一堂，共商足球大计。各班家委选一名热爱足球的家长做班级足球教练，负责指导组织班级竞赛活动。

服务宣传。家长自发建起了网络平台，在平台发布赛事，发学生、教师和家长比赛的美照、感想、绘画作品等。班级足球队的队名、队旗、标志的设计都有家长的热情参与。通过网络调查发现，97.5%的家长支持孩子参加足球运动，94.7%的家长认可下沙足球文化。

（3）社区：下沙村是著名的全国文明村，也是深圳最早的小渔村之一，社区历来非常重视教育。下沙社区是一个热爱体育运动的社区，有着悠久的足球运动传统，社区中心广场至今建有两个足球场（下沙社区是深圳唯一一个在深圳中心区黄金地段建足球场的），足球场免费给下沙学生训练。学生到下沙社区足球场地训练、比赛，学校举办大型活动，社区都派出保安维护周边的秩序，确保学生安全。

（三）文化助力

2019年10月，教育部校园足球调研组亲临下沙视察，评价下沙小学足球运动参与面广，深受青少年喜爱，带动效应好。近年来，随着校园足球的发展，足球与学校各类课程自发融合，形成了丰富多彩的校园足球文化。

1. 足球与读写融合

校园内长期举行“我与足球”主题演讲、校园足球主题征文、足球黑板报、班级足球班刊等活动。

2. 足球与艺术融合

音乐老师把音乐与体操进行了完美融合，编排了足球操，每周二、周五下午的阳光体育，学生们伴着音乐舞动，成了校园一道亮丽的风景，足球操在区、市运动会上多次展示。“校长杯”赛季，美术老师组织学生设计班级队旗、标志，举行手抄报比赛、画足球比赛等活动。

3. 足球与创意融合

深圳是创新之都，校园足球的开展让倾情投入的学生不断创新。科技节创意制作季上，学生用鸡蛋壳制成足球比赛场景，用软陶制作了大力神杯，等等。

足球运动催生了校园足球文化，形成了以足球为核心的多学科融合课程，极大地培养了学生的综合素养。

五、取得的效果

学生体质增强。从校医室统计的数据看，近年学生感冒人数逐年下降，学生中的肥胖数越来越少，学生体质健康水平逐年提升。足球队竞技水平提高，校足球队共获全国和省级比赛十多项奖。两名学生进入恒大足球学校，九名学生依靠足球特长分别去了深圳实验中学、深圳高级中学、红岭中学、深圳市福田区外国语学校。

学校以校园足球为抓手，构建活力校园，对标核心素养，落实立德树人根本任务，取得了显著成效。学校先后被评为深圳市教育先进单位、全国青少年校园足球特色学校。家长、社区和学校的关系进一步密切，学校的认可度、美誉度显著提高。2018 年 7 月，学校获评“活力校园全国 100 强”，又一次极大地提升了学校的社会影响力。2019 年 12 月，学校荣获广东省优秀校园足球特色学校奖，成为深圳市唯一获此殊荣的小学；同年还被评为深圳市创意足球示范学校。

第八节　龙华中心小学

龙华中心小学建于 1947 年，是龙华区一所历史悠久、质量过硬、特色鲜明、市民信得过的好学校。2000 年，学校被评为广东省一级学校，2019 年被评为全国青少年校园足球特色学校和深圳市改革创新体育典范学校。学校以“以人文本，和美育人”为办学理念，致力于给学生一个人人“‘足’下炫彩”的幸福童年。

一、发展目标

学校在全面铺开和重点做好校园足球特色两个方面着力前行。一是继续搞好普及，把足球作为体育课必修内容，每周每班一节足球教学课，做到

100%全员参与，在校学生100%掌握足球基本技术；校男女足球队形成传统和特色，所有孩子会踢足球比赛，80%会进行足球裁判，做到学会、勤练和常赛，享受足球乐趣、强健体魄。二是积极按“全国青少年校园足球特色学校”指标体系开展和创新足球模式与推广活动，推动校园足球发展和体质健康发展，促进学生体质健康发展，形成终身体育习惯，达到立德树人目标。

二、条件保障

（一）健全工作机制，落实国家政策

学校成立深圳市龙华中心小学校园足球工作领导小组，由校长担任组长，副校长负责具体工作，专人负责，规范体育工作。校园足球工作领导小组定期召开工作会议，研究每个阶段足球工作的进展情况，具体指导本校校园足球工作的开展，确保工作真正落到实处。

（二）高度重视，纳入学校规划

为保证校园足球工作的可持续发展，学校制定了《深圳市龙华中心小学足球三年规划》，并将足球工作纳入《学校年度工作计划》以及《体育工作年度计划》中，严格执行。制定了《校园足球工作管理制度》《校园足球工作考核办法》《校园足球训练要求》等相关规章制度，同时还建立了校园意外伤害事故的应急管理机制，明确责任落实到人。

（三）完善场地设施建设，提高配备标准

学校有2个标准5人制足球场，4个笼式足球场。学校改建校区后，运动面积达3.3万平方米，其中200米环形跑道田径场1个、篮球场3块、体育馆1座。体育器材数量达到器材配备的要求。

（四）加大资金投入，提供有力保障

学校设有专项体育经费，将其纳入学校年度经费预算，按公用经费的一定比例用于体育日常工作，统筹规划，保证体育教学和校园足球活动的开展。全面落实体育教师待遇，每年提供应有的服装、生活用品，将体育教师课外开展体育教学活动和足球训练活动均纳入课时工作量考核，在实施校方责任险的基础上，为学生新增购买运动意外伤害险。自2017年9月以来，每年投入足球专项经费约为30万元，分别用于体育场地建设、购置足球相关体育器材及各类校园足球活动的开展。

三、学校特色

学校通过组织校园足球班级联赛，使得每名学生都能在体育课上学足球，课余时间练足球，而且有上场比赛的机会，达到了学会、勤练和常赛的目的。目前100%的学生能参加足球攻防比赛。一、二年级的男女混合笼式足球赛，三至六年级的小场地五人制男、女子组足球赛，每班的啦啦操队助阵，打造了有综合运动干预模式的特色活力足球校园。

四、具体工作方法与推进措施

(一) 合理安排教学，确保课程有序，全面普及足球教学工作

学校按照国家要求，定期开展全校性体育教研活动，充分利用体育课、大课间操等，开足开齐体育课，严格执行每班每星期一节足球课的规定。每个体育老师分别在自己的体育课程中渗透足球基础教学，切实保证学生每天一小时体育活动时间。让每个学生从小有机会接触足球，保障他们参与足球运动的权利，提供参与足球活动的平台，从培养对足球的兴趣开始，根植课程，实现全员普及。

1. 加强校园足球课程管理

在平日的教育教学中把足球基础技能教学作为全校体育课的必修内容。从2015年开始，能确保每周一节足球课教学，保证每节体育课至少有15分钟进行足球基本技能训练。开发足球课程资源，根据学生实际情况，参考《小学足球教学》教材，因地制宜，开发并编制了学校足球校本教案，由各个年级的体育老师任教，实施适合学生年龄特点的足球教学，作为体育教学内容的补充。

2. 加强校园足球文化建设

学校在2016年5月被深圳市教育局评为“深圳市校园足球特色学校”以后，有效利用学校各种宣传阵地，如宣传橱窗、学校广播、黑板报等普及足球知识，加强足球运动的宣传，让学生了解更多足球运动的历史知识，激发学生爱国热情和民族情感。每年举办活力校园“校长挑战杯”足球班级联赛，经常开展各种以足球为主题的校园文化活动。

(二) 课时保证，练赛结合，切实提高校园足球的运动水平

自学校创建足球兴趣小组以来，吸纳有兴趣的学生参与足球活动，由学

校老师执教，外聘四点半活动足球教练协助，每星期一至星期五上午训练一小时、下午训练一个半小时，星期六上午训练两小时。长期开展课余足球训练，在初始训练阶段，着重抓好基础的技术训练。这一阶段主要让队员对足球技术有进一步的认识和掌握。综合训练阶段，进行简单战术配合的训练，并传授足球裁判规则，使队员们掌握一定的战术和规则并加以运用。

学生课余训练、竞赛和学校每年一次的“校长挑战杯”校内班级联赛是学校体育的重要组成部分，对活跃学生课余文化生活、促进学校体育工作开展、发挥学生特长、培养后备体育人才具有积极意义。为更好地统筹安排各教师资源，做到教练员、运动员、训练时间、训练场地器材的四落实，学校教导处和体育组提早地制订了切实可行的训练计划，利用每天上午一小时、下午一个半小时进行训练，做到有计划，有记录，按时、保质、抓成效。

五、取得的效果

（一）丰硕成绩强动力

学校获得 1996 年深圳市“加德士”杯中小学生足球比赛小学组男子、女子亚军；2016 年参加龙华区中小学生足球联赛获得亚军；2017 年参加龙华区足球特色学校联赛获得冠军，同年参加深圳市中小学生校园足球班级联赛获得第四名；2019 年参加龙华区中小学生足球比赛获得亚军。2019 年 6 月 12 日，校园足球特色经验在上海国际体育课程与教学大会墙报推广。学校还为广东省青年女子足球队、市体校和深圳第二实验学校等输送 50 多名优秀足球运动员。2017 年胡锦越同学以足球特长生身份被输送到深圳第二实验学校就读，2019 年代表学校参加全国“我爱足球”五人制足球比赛中获得冠军，2020 年获得中国首届中学生男子五人制足球联赛冠军。

（二）科研成果促教学

学校教研成果丰硕，广东省校园足球专项课题“家校联动发展校园足球的实践研究”和省专项课题“足球运动对学生注意力、认知能力、心理健康的影响研究”均已在 2018 年结题，通过校园足球教育教学深度研究，力求破解足球教学、训练和竞赛中遇到的难题，形成了科学系统的经验，发挥了示范引领作用。

第九节　大鹏新区葵涌第二小学

葵涌第二小学创办于1943年。“快乐足球”是学校最具特色的体育传统项目，已经坚持开展了30多年。学校坚持健康第一的指导思想，以快乐为核心，全员参与，每天课间开展自编自创的“快乐足球操”，每年举行班际足球联赛，全校每班男、女足球队轮番上场比拼，做到人人有足球、班班有球队、年年有比赛。基于此，校足球队也在省、市各级各类比赛中屡屡建功，继男子、女子足球队分别获得2019年、2020年深圳市青少年校园足球锦标赛冠军之后，女子足球队再次获得2022年深圳市大中小学生校园足球比赛第二名的好成绩，女子足球多年来均保持在深圳市校园足球前三名的好成绩。学校也先后被评为“首批全国青少年校园足球特色学校”“广东省体育特色学校”“深圳市校园足球试点学校”“深圳市体育（小学足球）传统学校”。

一、发展目标

葵涌第二小学校园足球的发展目标是建立和完善校园足球管理运行机制；积极建构校园足球文化，呈现“以球育德，以球促智，以球健体，以球修美，以球益教”为内涵的校园足球文化特色；大力普及足球知识和技能，形成校园足球课程体系；组建一支校内外融合、有特色的教练员队伍；培养一批训练刻苦、作风硬朗、永不气馁，爱足球、懂足球、会踢球的运动员队伍；在打造各年龄段的足球梯队基础上，推进足球项目的全员参与、全校普及，各梯队力争在省、市比赛中取得较好成绩。

二、条件保障

（一）组织机构健全

加强校园足球工作领导，建立完善的校园足球工作管理制度和运行机制。学校成立了以校长为组长的“校园足球发展”工作领导小组，实行“校长—分管领导—体育教师”一条线的管理模式，进一步加强对校园足球工作的政策规划、宏观管理和统筹协调，把校园足球工作列入教育改革和发展规划之中。

（二）制度保障到位

学校制定了《校园足球活动五年发展规划》《创建校园足球文化特色活动的实施方案》，每年召开全体教职工大会，全面检视校园足球建设情况。

（三）配齐配强校园足球师资

学校不断补齐补强教师队伍，体育专职教师 11 人，兼职教练 3 人，其中足球专项体育教师 7 人。7 位足球专项体育教师分别带领男、女低年级、中年级和高年级足球 6 支队伍以及 1 支守门员队伍。

（四）体育设施、设备、经费保障到位

学校场地规范，器材充足，按国家标准配备，每学期补充体育器材。现拥有标准的 300 米环形跑道田径场，1 个标准的 8 人制足球场（含 4 个标准 5 人制足球场），1 个标准 5 人制足球场。学校为每位师生配备一个足球，目前全校共有 1 800 多个足球，并备有标志盘、足球训练专用的联合器材等体育器材。这些运动场地与器材完全能满足学校足球等项目的教学、训练要求。学校每学年筹备 90 万元以上的经费用于体育各项设施设备的配备、训练、竞赛和教师的补贴，并做到了专款专用。同时，为学生购买运动意外险。

三、学校特色

学校将足球育人理念和学校的育人理念紧密结合。在校园足球的实施中，充分发掘、发挥足球运动在学生中的独特魅力和综合教育功能，形成足球与育人契合点，让每一位孩子在各种趣味和竞技活动中快乐体验、快乐学习、快乐参与、快乐成长，养成锻炼身体的习惯，培养了学生的团队精神，达到了练球、练人、练精神的目的。

四、具体工作方法与推进措施

（一）全面普及，校园足球与学科课程进行了有机整合

2015 年以来，学校将足球运动与基础课程融合在一起，结合各学科的教学目标开展足球知识渗透活动，恰当地整合和互补，形成了一个有机整体，

共同构成内容丰富的活动，促使学生主动地发展各项基本素质，让各学科的教学与足球课程相互交融。

（二）全员参与，建立了校园足球竞赛制度

1. 每年一次的体育节

学校每学年举办一次体育节，并把足球活动纳入其中，如射门比赛、运球比赛等，让每个学生都参加。确保每一个学生都能初步掌握、了解足球项目的基本知识、技能，让学生从不同角度感受足球的乐趣，从而使更多的学生喜欢足球，爱足球，参与足球。

2. 每年一届的班际足球联赛

每年一届班际足球联赛为期两个月，已经开展了 20 多届。作为全校性的足球联赛活动，班际足球联赛做到有计划、有方案、有总结。全校 38 个班 76 支男女足球队参加 122 场次的比赛，除了特殊体质学生外，其余每一位学生都要参加比赛活动。学校还组织教职工队、家长代表队参加角逐。

（三）立足校本，注重教科研成果的转化

学校注重教育科研，并认真开展教科研成果的转化、提升，以研究的视角提升“快乐足球”活动的文化内涵。

（四）注重体验，建立了校园足球文化课程体系

1. 建立了多方联动的足球文化课程体系

通过参与玩足球、画足球、讲足球、舞足球、赛足球、足球操等形式多样的活动，以足球明星命名的特色中队，音乐课中“唱足球”，美术课上“画足球”，数学课上“算足球”，语文课上“说足球”，主题班会活动“议足球”，每周开展三次颇具时代气息与韵律之美的校园足球操等，让足球精神逐渐渗透学生成长的各个方面，使校园足球主流文化逐渐形成、巩固和深化。

2. 以社团建设为支点，促校园足球文化亮特色

2021 年开始，学校有 7 个校园足球社团，每天开展活动。如“快乐足球”追梦社团，激发了学生的“自主潜能”，提高了学生“自我服务，自我管理”的能力。该社团目前是深圳市中小学优秀学生社团，曾获广东省追梦小队活动一等奖，屡次参加深圳市小社团展示活动。

3. 以设计队标为纽带，营造校园足球文化氛围

每年一届的班际足球联赛期间，学校都会开展班级足球队队标设计、写足球、画足球等内容的大赛，破旧的足球也没有丢弃，让学生在足球上画

画，用手中的画笔描绘足球带给他们的乐趣，勾勒出足球带给他们的梦想。班级足球队队徽设计大赛活动，不仅培养了学生独立探索、创作的能力，还使同学们在活动中体验了成功与快乐、体验了积极向上的足球文化氛围。

（五）多元评价，建立科学的校园足球评价体系

以《教育部等 6 部门关于加快发展青少年校园足球的实施意见》为依据，制定了适合学校学生的评价体系。建立健全足球队训练及足球课教学评价管理制度，构建训练（教学）、考核、反馈一体化的评价体系，关心每一个学生的健康成长。

五、取得的成效

（一）形成了建设校园足球文化的策略

学校开展的校园足球活动以感知足球文化为基点，以研究的视角提升“快乐足球”活动的文化内涵，通过开展练足球、赛足球、识足球、写足球、说（议）足球、画足球、演足球、赏足球和足球操等形式多样的活动，贯串教育教学活动的各个环节，积极营造足球文化大环境，形成沃土，让足球运动融入学生生活，扎根校园，形成独特的校园足球文化特色。

（二）促进学生体质增强，健康成长

《国家学生体质健康标准（2014 年修订）》测试连续三年优良率达到 60% 以上，合格率均为 99%。其中，2019 年体测优良率为 60%，2020 年体测优良率为 61%，2021 年体测优良率为 61.66%。

（三）校园足球竞赛硕果累累

学校足球队在省、市各级各类比赛中屡屡建功，女子足球队曾获大鹏新区中小学生校园足球比赛“五连冠”，获得深圳市冠军，男子足球队获得 2019 年深圳市青少年足球锦标赛冠军，常年保持市校园足球前三名的好成绩。

（四）校园足球促进了学校特色办学

作为“全国青少年校园足球特色学校”“广东省体育特色学校”，葵涌第二小学以足球为主题的校园文化建设活动开展得有声有色，并形成了浓厚的足球文化氛围，社会辐射影响力进一步扩大。

第十节　深圳市基建幼儿园

深圳市基建幼儿园作为首批“全国足球特色幼儿园”，积极响应“足球从娃娃抓起”的指导思想，多年来持续开展足球课程，充分发挥示范引领作用，以体健身、以体启德、以体益智。让孩子们从小接触足球、爱上运动、享受乐趣，展示新时代儿童朝气蓬勃的精神风貌。

一、发展目标

深圳市基建幼儿园以“足球”为载体，以“享受乐趣、增强体质、锤炼意志、健全人格”为发展目标，以“兴趣为本，健康为先”“游戏为本，童趣为先”“互动合作，快乐为先”的原则设计活动。让幼儿足球活动回归幼儿游戏，丰富幼儿园特色足球游戏的内涵，依托幼儿年龄特点探索多样化足球游戏，透过展示平台逐渐形成幼儿园多样化足球活动模式，进而有效促进幼儿身心健康和教师专业发展。

二、条件保障

（一）发挥组织领导作用

为促进足球活动有效实施，幼儿园组织教师学习广东省教育厅开展足球特色幼儿园试点工作精神，发挥幼儿园足球特色项目领导小组的作用，协调各方资源，提高师幼对创建足球特色幼儿园重要性的认识，保证足球游戏活动的开展。

（二）完善规章制度

幼儿园足球工作小组根据实际情况研究制定了创建足球特色幼儿园的工作目标以及近期和长期发展规划。完善了一系列的规章制度，如：《亲子足球打卡手册》《足球活动宗旨》《足球运动手册》《足球比赛守则》《教师足球培训计划》等。

（三）完备场地设施

幼儿园加大资金投入约30万元，保证场地设施建设，足球及基本训练、竞赛器材数量充足，确保足球活动有效落实。配备了大型攀爬架、运动方舟器材、3 号足球、足球门、标志杆、标志碟、标志桶、敏捷梯、大中小号跨栏、三人足球围挡等设施和器材。

三、园区特色

幼儿园自 2017 年起将幼儿足球作为特色课程之一，主要采取寓教于乐的方式进行教学，将足球与各种游戏结合，从玩中学、学中玩，并在其他课程中融入足球元素，要求足球活动形式新颖、内容丰富，融健身性、普及性于一体。

四、具体工作方法与推进措施

（一）营造浓厚的足球文化氛围

幼儿园充分利用宣传橱窗、微信公众号等普及足球知识，加强足球运动的宣传，让家长与幼儿更多地了解足球运动的知识和历史，在园内设置足球宣传标牌，营造足球文化氛围。组织开展足球知识竞赛、足球绘画活动、讲足球小故事等各种足球游戏活动和比赛，提高幼儿对足球的兴趣。

（二）走出去，请进来，强化师资队伍建设

1. 走出去，请进来

幼儿园邀请深圳大学学前教育系陆克俭博士协同团队成员来园，针对幼儿体育活动的开展以及体育活动指令、手势信号等组织教师参与学习。同时组织专项足球教师参加广东省足球协会主办的幼儿足球启蒙导师资格证培训班，考取“广东省幼儿足球启蒙导师资格证”；组织教师参加中国足球协会举办的国家二级足球裁判员、国家一级足球裁判员培训班，考取裁判员证。除此之外，为了让足球活动更贴近幼儿，更具有趣味性，让足球特色活动开展得更有实效，幼儿园先后两次组织教师到园岭小学观摩足球课堂教学。

2. 开展师资培训，提升足球素养

充分发挥以园长为组长的幼儿园足球工作领导小组的作用，在开齐、开足幼儿园普及足球课堂的同时积极开展教师的足球活动。通过“一帮一”“老带新”互帮互助，树立“一年争合格、两年能胜任、三年成骨干”的教师成长目标。

（三）创编童趣足球操，建设足球特色课程

园区从幼儿生活经验、年龄特点和兴趣出发，创编童趣化的新颖的足球

操，将“玩球”融入其中，将“乐”贯穿始终，促进幼儿体能均衡发展。除此之外，规划了合理性的锻炼区域——足球区，投放足球、球门以及不同功能的足球玩教具，创设不同难度的练习区域，让幼儿根据自身情况自主选择锻炼区域进行体能大循环活动，逐步提高足球技能动作发展。幼儿循环运动使得幼儿在力量、速度、耐力、灵活和柔韧度等方面得到充分锻炼，促进幼儿动作全面发展，这成为幼儿园一个特色课程，得到孩子们的喜欢、家长的赞扬。

（四）足球和游戏相结合，创新教学和比赛

幼儿园将足球游戏纳入平时体育教学活动之中。引进3位专业足球教练为幼儿开展全面、系统的足球活动，以情境游戏的方式将足球技能与体能训练融入活动中，充分调动幼儿的积极性，使幼儿在游戏中感知足球，学习基本动作，增强对足球运动的兴趣，体验足球游戏运动带来的快乐。在教学活动之余，不定期地组织幼儿参加各种足球活动比赛，培养幼儿相互合作、相互配合、敢于尝试等体育精神，增强竞争意识和团队合作能力。如：通过参加足球宝贝比赛，幼儿在赛场上学会理解、宽容、自信，也锻炼了综合能力。

（五）亲子运动嘉年华

邀请家长与幼儿共同参与欢乐足球嘉年华活动。活动将足球亲子游戏贯穿其中，如足球小将、定点踢球、长棍运球、足球过障碍物等，通过各种趣味性的足球游戏，激发他们参加足球活动的积极性，提高幼儿足球技能的实效。

五、取得的效果

（一）爱上足球，助力幼儿体质健康

通过足球活动，幼儿的形体有了明显的变化，如：肥胖儿变超重儿，超重儿的体重下降到正常水平。

（二）体验足球，以球育人

足球活动使幼儿增强班级集体荣誉感，以及自控调解情感的能力，自觉克服胆小、自卑等消极情绪。足球活动的开展为幼儿提供了一个展示自我、挑战自我的舞台，幼儿在足球场上展现自信、顽强拼搏，这就是足球的魅力。

（三）强化教研，收获成绩

2020年11月，陈美如、姚鑫体能活动“秘密营地”获深圳市足球特色课例评比一等奖，获广东省青少年校园足球教学暨广东省第十届中小学体育与健康教学展示活动（幼儿组）一等奖。幼儿参加首批足球宝贝赛并获得优异成绩，参加超萌兔幼儿足球园区趣味交流活动并获得二等奖。

第六章

深圳校园足球这十年大事概述

第一节 实施中小学体育发展三年行动计划

为贯彻落实《国务院办公厅转发教育部等部门关于进一步加强学校体育工作若干意见的通知》和《教育部关于印发〈学生体质健康监测评价办法〉等三个文件的通知》的要求，全面实施《深圳市教育局关于进一步提升中小学生综合素养的指导意见》，促进学生健康成长，2014 年 12 月 2 日，深圳市教育局印发《深圳市中小学体育发展三年行动计划（2015—2017 年)》。该计划以增强学生体质为根本目标，强化体育课和课外锻炼，全面落实中小学生每天一小时校园体育活动（简称“校园体育一小时”）的要求，建立健全学生体质健康水平监测评价和保障机制。“校园体育一小时”的全面落实，使学生参加校园足球等体育活动的时间得到保障。提高体育课堂教学质量，则学生运动负荷达到要求，身体得到充分锻炼；加强运动技能教学，能促使学生普遍养成良好体育锻炼习惯，每人学会至少两项终生受益的体育锻炼项目。该计划的目标包括力争到 2017 年，实现学校体育工作显著进步，学生体质健康水平明显提升。

一、强化体育教学，提高课堂质效

在保证国家课程计划的基础上，逐步增加体育课时。小学每周 4 课时，初中、高中每周 3 课时。不得以任何理由削减、挤占体育课时。科学安排体育课内容，保证练习密度和运动强度，让每个学生都得到充分锻炼。中小学每节体育课必须安排 5 ～8 分钟的身体素质练习内容，体育课的练习密度达到 50% 以上，提高体育课教学质量。高中实行选项教学，保证学生修满学分。高三年级必须坚持开展正常体育教学。

二、将足球纳入必修课，加强校园足球技能教学

大力发展校园足球，聚焦“教会、勤练、常赛”，落实足球专项运动技能大单元教学。围绕足球课程目标和项目特点，积极开设足球校本课程。学校应根据个体差异、年龄特点和学校实际，开设学生喜爱的运动项目，有条件的学校要从“一校一品”向“一校多品”方向发展，满足学生参与锻炼的选择和需求。校园足球特色学校每周开设一节足球课。注重足球、篮球、排球等运动兴趣和技能培养，使学生学会至少两项终生受益的体育锻炼项目。

三、将“校园体育一小时”列入教学计划，保障足球运动时间

保障学生足够的校园体育活动时间，是开展校园足球活动的关键。深圳市各中小学校要结合实际，因地制宜，每天上午安排 1 次 25 ～30 分钟的大课间体育活动（不含课间休息），开展跑操、跳绳、足球、篮球和体能练习等活动。在班级没有体育课的当天，安排 1 节排入课表的体育活动课，主要进行校园足球班级联赛等校内竞赛活动。或在下午课后组织学生进行 40 ～45 分钟集体锻炼。寄宿制学校实行每天早操、晨跑制度。鼓励学校开设形式多样、简便易行、效果明显的足球、篮球、排球、跳绳、啦啦操等活动项目。

四、制定校园足球发展规划，举办校园足球班级联赛

加强学校体育社团建设，组织年级、班级俱乐部和兴趣小组，成立校级田径、足球、篮球、排球和传统项目代表队，积极参加各级各类比赛。每年举办全员参与的校园足球班级联赛和技能比赛，以及学校运动会或体育节；组织开展冬季长跑活动；办好深圳市、区学生运动会；制定并实施校园足球中长期发展规划，扩大校园足球定点学校的规模。举办校园足球、篮球、排球联赛及各类单项比赛，形成“人人有爱好、班班有项目、校校有特色”的学校体育格局。

五、整合和利用社会体育资源，推动校园足球发展

推进教体结合，发挥文体部门的体育技术资源和人才优势，指导协助学校开展体育教师技能培训、传统体育项目和高水平项目训练、备战全国全省学生运动会等，加强校园足球师资培训。完善足球、篮球、排球等传统项目和高水平项目学校规划布点与管理，重视学校体育竞技后备人才培养。鼓励支持学校以购买服务的形式，引入社会体育资源，通过购买足球特色课程等形式解决学校体育师资、场地、设施不足等问题。社区足球场等群众性健身设施建设充分考虑中小学生的锻炼特点和需要。推进学校和社会体育设施课余和节假日向学生免费开放。

六、建立学生体质健康档案，将足球纳入体育中考

学生体质健康状况和体育特长作为身心素养的重要内容，纳入综合素养阳光评价体系，记入学生成长电子档案。鼓励学校结合自身实际，设置学生应掌握的至少两项体育锻炼项目及技能要求，学生毕业和升学时须达到合格水平。改革体育中考，强化过程性考核和评价，将学生参加《国家学生体质健康标准（2014 年修订）》测试情况按一定比例纳入中考体育总分。改革考试内容和方法，逐步扩大选考范围并将中长跑列入必考科目。设置足球、排球、乒乓球、羽毛球、网球等学生喜爱且有利于养成终生锻炼习惯的考试项目，克服体育课应试倾向。

七、加强对家庭体育健康教育的引导，构建多方合力

学校结合每年学生《国家学生体质健康标准（2014 年修订）》测试，针对学生体质健康状况，向家长提出科学的运动“处方”建议，布置体育家庭作业和学生校外体育锻炼的要求。鼓励社区、学校、家庭共同举办亲子足球赛和亲子运动会等，广泛开展校外体育锻炼。

八、实施学校体育工作行政问责制度，强化督导评价

深圳市、区教育行政部门对认真落实“校园体育一小时”，学生体质健

康状况得到明显改善，体育工作成绩突出的学校、校长和教师予以表彰奖励。凡有以下情形之一者，对学校教学工作评估、评优评先实行“一票否决”，并对校长予以行政问责：

（1）不能保证学生“校园体育一小时”的；

（2）未按国家规定开足体育与健康课的；

（3）学生体质健康水平连续三年下降的；

（4）未按要求开展《国家学生体质健康标准（2014年修订）》测试并如实上报数据的。

第二节　实施“飞行检查”强化校园足球保障体系

一、问题的提出

从1985年开始，全国学生体质健康水平连续三十多年持续下降，青少年身体健康素质已经明显不能跟上国家建设和社会发展的需求，甚至直接影响到了我国国防后备力量的建设，表现在征兵标准逐年降低的情况下，每年仍无法招满合格的兵员。同时，这也严重降低了整体国民健康素质和子孙后代的遗传素质，对健康中国和中国梦的实现造成严重影响。造成学生体质健康水平逐年下滑的原因很多，而学校过分追求文化课分数，挤占体育课和学生校园体育活动时间，学生体育锻炼时间不足、课堂教学和校园体育活动质量不高是其中一个重要原因，由此引起了国家和社会高度的重视。从2006年开始，先后有《教育部、国家体育总局、共青团中央关于开展全国亿万学生阳光体育运动的通知》《中共中央、国务院关于加强青少年体育增强青少年体质的意见》《教育部关于印发〈切实保证中小学生每天一小时校园体育活动的规定〉的通知》《国务院办公厅转发教育部等部门关于进一步加强学校体育工作若干意见的通知》《中共中央关于全面深化改革若干重大问题的决定》《国务院办公厅关于强化学校体育促进学生身心健康全面发展的意见》《国务院办公厅关于印发体育强国建设纲要的通知》等重要文件和通知出台，对加强学校体育工作、切实保证中小学生每天一小时的校园体育活动提出明确要求。但学校体育工作长期被“弱化”，学生每天一小时以上的校园体育活动时间，基本无法落实。深圳市教育局通过课题立项及理论研究，将理论和长期实践相结合，创造性地提出以飞行检查为抓手，保障学生体育活动时间，形成强化学校体育、增强学生体质的“深圳行动”。

二、解决问题的过程与方法

为增强学生体质健康水平，切实落实国家有关规定，以确保学生每天一小时以上的校园体育活动时间为工作重点，建立长效监督、检查、指导机制，深圳市教育局于2013年开始“基于‘飞行检查’模式，提升学生体质健康水平的区域性研究”课题及理论研究，并将理论研究与探索的结果转化为行动纲领，指导全市各中小学校制订“校园体育一小时”活动方案（含体育课、课间操和课外体育活动的内容及时间）。2014年12月2日，深圳市教育局印发《深圳市中小学体育发展三年行动计划（2015—2017年）》，2015年3月2日，印发保障落实三年行动计划的《深圳市教育局关于开展校园体育一小时“飞行检查”的工作方案》，开始实施校园体育一小时“飞行检查”制度，形成了以飞行检查为突破口，全面强化学校体育工作，保障学生参加校园足球等活动时间，提升学生体质健康水平的一整套解决方案。

三、取得的成效

（一）形成了“飞行检查”的模式

“飞行检查”是跟踪检查的一种形式，最早由国际奥委会用于对世界各国运动员的兴奋剂检测，指的是在非比赛期间进行的不事先通知的突击性兴奋剂抽查，特点是突击性、灵活性和高效性，可以及时掌握被检查对象的真实情况。为促进学生健康成长，切实提高学生体质健康水平，党中央、国务院及教育部的相关文件、政策均要求地方教育督导部门要把保证中小学生每天校园体育一小时作为体育专项督导的重要内容，定期组织督查，随时进行抽查。但既往的检查，由于被检查单位已知检查的形式、内容、时间等，他们事先就做了充分的准备，检查结果往往不能准确地反映出现实情况。鉴于此，深圳市教育局采取“飞行检查”模式，市、区教育部门（或委托第三方专业监测机构）采取不发通知、不打招呼、不做准备的方式，对学校落实“校园体育一小时”情况实行时间、地点、人员三随机的检查方式开展检查，取得很好的效果。

（二）“飞行检查”的理论基础及运作模式是各级教育行政部门落实国家有关规定和要求的有力抓手

深圳市教育局借鉴国际奥委会通过“飞行检查”对运动员是否服用兴奋剂进行突击检查的名称与做法，形成了强化学校体育工作的“飞行检查”制度，理论基础及检查指导的运作模式填补了国内的空白，为强化学校体育工作提供了可供借鉴和操作的样板，创造性地解决了国家政策长期无法落实的问题，是各级教育行政部门落实国家有关规定和要求的有力抓手，能够较好地保证学生每天一小时以上的校园体育活动时间，为组织足球教学、足球大课间和校园足球班级联赛的竞赛活动提供了时间保障。

（三）建立了科学的“飞行检查”内容和考核指标

根据《教育部关于印发〈切实保证中小学生每天一小时校园体育活动的规定〉的通知》要求，重点检查中小学校“校园体育一小时”开展情况。检查小组依据制定的“校园体育一小时”检查指标和评价标准，采用现场察看、查阅资料、查看活动影像资料等方式，分成教务、体育、综合三个组，分别对不同的项目进行检查。最后对教务组（领导对“校园一小时”重视情况、体育课程开设情况、《国家学生体质健康标准（2014 年修订）》实施情况、体育活动课及集体锻炼情况、安全管理制度建立情况等）、体育组（“校园体育一小时”活动、体育教学质量情况、体育教师配备与待遇情况、学校加分项等）、综合组（“校园体育一小时”受社会监督情况、体育场地器材配备情况、“校园一小时”评价制度等）等三组的工作给予打分并评价，再结合教师调查问卷和学生调查问卷，进行数据的统计、分析，得出最终的评价结果。

（四）创新实施《国家学生体质健康标准（2014 年修订）》测试及上报工作

通过购买服务，委托第三方机构开展《国家学生体质健康标准（2014 年修订）》测试，市、区教育行政部门对测试进行飞行检查，对数据进行抽查、复核，确保了测试数据的真实可靠。同时，实行测试结果公告和反馈制度，测试结果向社会公告，并逐级向生源所在学校反馈，形成真正重视学生体质健康的“倒逼机制”；加强对学生体质健康数据的采集、分析与研究工作，对深圳学生体质进行全面监控，查找学生体质健康状况下降的真正原因，提出针对性的建议与对策；建立问责制度，对学生体质健康水平连续 3

年下降的学校校长，在校长考核中实行“一票否决”。

四、反思

保证中小学生每天一小时以上校园体育活动是国家对学校教育的基本要求，是促进学生健康成长，切实提高学生体质健康水平的基本保证，也是学生接受良好教育的基本权利。在确保中小学生每天一小时以上校园体育活动时间的基础上，更要提高每天一小时校园体育活动的质量，加强足球、篮球、排球等学生感兴趣的专项运动技能教学，开展校园足球大课间和班级联赛等校内竞赛活动，帮助学生掌握一至两项运动技能。既要建立教育行政部门对学校的监督、检查机制，更要建立保证中小学生每天一小时校园体育活动的社会监督机制。各级教育行政部门和中小学校要向社会公布学生每天一小时校园体育活动的工作方案、基本要求和监督电话，自觉接受社会、媒体和家长的监督，对群众反映的问题要及时核查并进行反馈，对存在的问题要及时整改。建立保证中小学生每天一小时校园体育活动的表彰奖励和问责制度。上级教育行政部门对于认真组织开展中小学生每天一小时校园体育活动，学生体质健康状况得到明显改善的学校负责人，要给予表彰奖励；对于组织不得力，措施不到位，中小学生每天一小时校园体育活动开展不好的主要负责人实行诫勉谈话；对于没有组织开展每天一小时校园体育活动的学校负责人，要进行通报批评或按照干部管理权限追究相应的责任。

第三节　建设特色学校，打造校园足球样板体系

一、建设全国青少年校园足球特色学校

为贯彻落实全国青少年校园足球工作电视电话会议和刘延东副总理讲话精神，加强学校体育工作，实现提高学生体质健康、运动技能和人格素养的总目标和总要求，提高校园足球普及水平，奠定中国足球发展的人才基础，2014 年 12 月 26 日，教育部办公厅印发《关于做好全国青少年校园足球特色学校及试点县（区）遴选工作的通知》，决定在全国遴选建设一批校园足球

特色学校和校园足球试点县（区）。拟通过特色学校及试点县（区）遴选，树立一批校园足球教育教学工作先进典型，推动广大中小学全面普及校园足球，不断丰富体育教学活动内容，进一步强化体育课和课外锻炼，推动学校加强体育师资和场地设施建设，确保学生每天一小时校园体育活动时间，切实提高学生体质健康水平，满足学生足球学习的需求。到2017年，计划遴选出2万所左右校园足球特色学校及30个左右试点县（区）。

全国青少年校园足球特色学校的遴选原则是：第一，统筹兼顾，合理匹配。校园足球特色学校遴选要统筹城乡、区域和学校类型。学校类型按高中、初中和小学1∶3∶6的基本比例合理匹配，适当向寄宿制学校和九年一贯制学校倾斜。要有利于区域联赛开展和校园足球的普及。第二，注重衔接，便于升学。遴选特色学校要按照就近入学的要求，充分考虑单校划片、多校划片现状，优先遴选片区内小升初对口直升学校；可向优质高中和具有招收特长生资格的学校倾斜，要有利于学生升学和长期习练足球。第三，立足长远，因地制宜。着眼于中长期发展，从实际出发，量力而行，注重引导，鼓励多元化，吸引和鼓励更多的学校提高体育教学质量，努力争创校园足球特色学校。第四，做好存量，发展增量。要对区域内已有“校园足球定点学校”“体育传统项目学校”进行评估调整，并纳入遴选范畴，在建设好存量的基础上，逐步扩大遴选范围，培育种子学校，成熟一批，发展一批。

同时，教育部制定了《全国青少年校园足球特色学校基本标准（试行）》，凡符合条件的全日制普通中小学均可申报。具体内容见以下四个方面。①组织领导。一是落实国家政策。学校高度重视学校体育和学生体质健康，按照《义务教育体育与健康课程标准（2011年版）》及有关规定开展体育教学和校园足球工作。二是纳入发展规划。将校园足球纳入学校发展规划和年度工作计划，并严格执行。三是健全工作机制。建立在校长领导下，学校有关部门共同参加的校园足球工作领导小组，具体指导本校校园足球工作的开展。四是完善规章制度。学校制定有校园足球工作组织实施、招生、教学管理、课余训练和竞赛、运动安全防范、师资培训、检查督导等方面的规章制度和工作制度，并且不断完善。②条件保障。一是配齐配强体育师资。在核定编制总量内配齐体育教师，能满足教学工作需求，并至少有一名足球专项体育教师。每年能提供一次体育师资参加培训机会，学校定期开展体育教学研究，不断提高体育教师教学技能。二是落实体育教师待遇。体育教师开展体育教学和足球训练和活动要计入工作量。保证体育教师在评优评比、工资待遇、职务评聘等方面享受同等待遇。三是场地设施建设完备。场地设施、器械配备基本达到国家标准，能满足体育工作的需求，不断得到补充，并建设有适合学校条件的足球场地，足球及基本训练竞赛器材数量充足。四是体育经费保障充足。设立有体育工作专项经费，纳入学校年度经费预算，原则上年生均体育教育经费不低于10%，保证体育和校园足球工作的正常开展。在为学生实施校方责任险的基础上，为学生新增购买运动意外伤害险。③教育教学。一是教学理念先进。深化学校体育改革，坚持健康第一，把足球作为立德树人的载体，积极推进素质教育，促进学生全面发展，健康成长。二是保证体育时间。按照国家要求，开足开齐体育课，保证学生每天一小时校园体育活动；义务教育阶段学校把足球作为体育课的必修内容，每周用一节体育课进行足球教学；高中阶段学校开设足球选修课；将足球运动纳入大课间或课外活动。三是开发足球课程资源。根据《全国青少年校园足球教学指南（试行)》，因地制宜，开发和编制足球校本教材，实施适合学生年龄特点的足球教学和课外活动。四是营造校园足球文化。经常开展以足球为主题的校园文化活动（如摄影、绘画、征文、演讲等)。建立基于互联网的校园足球信息平台，动态报道足球活动、交流工作经验、展示特色成果。④训练与竞赛。一是成立足球组织。学校有足球俱乐部或兴趣小组，吸纳有兴趣的学生参与足球活动。小学三年级以上建有班级、年级代表队，学校建有校级男、女足球代表队；学生基本达到全员参与足球。二是开展科学训练。学校制订有系统、科学的训练计划，常年开展课余足球训练，注重提高训练效益，并配备有安全、医疗等应急方案。定期邀请校外专业教练员提供技术指导。三是建立竞赛制度。不断完善校内足球竞赛制度并趋于稳定；每年组织校内足球班级联赛、年级挑战赛，每个班级参与比赛场次每年不少于10场；积极参加校园足球联赛，主动承办本地足球比赛。四是支持学生发展。鼓励有天赋、有潜力学生参与校外足球训练、培训和比赛，并积极向上级特色学校及各级各类足球优秀运动队输送人才，为学生提高足球竞技水平和运动能力创造条件。

2015年1月14日，广东省教育厅转发《教育部办公厅关于做好全国青少年校园足球特色学校及试点县（区）遴选工作的通知》，要求各地市按照教育部通知要求的“遴选原则”和“申报条件”，积极发动各校申报，各地在组织学校及县（区）申报过程中，要统筹城乡、区域和学校类型，合理匹配，各地可根据本市实际情况做适当微调。各地市按域内中小学校总量2%

的比例遴选推荐校园足球特色学校，全国、省校园足球布局城市以及有条件的地区应适当加大比例。2015 年每市遴选推荐的特色学校中，必须包含一所高中，试点县（区）数量不做具体要求，按国家标准申报。

2015 年 1 月 27 日，深圳市教育局通知各区可按照辖区内中小学校总量 3% 的比例遴选推荐校园足球特色学校，达到《全国青少年校园足球特色学校基本标准（试行）》的学校和达到试点区基本条件的区可自主申报。后经学校自愿申报，深圳各区教育局和校足办推荐，共收到深圳中学等 69 所学校申报全国校园足球特色学校的材料，以及福田区、罗湖区、南山区、龙岗区和坪山新区申报全国试点县（区）的材料。随后，深圳市教育局组织专家根据申报材料和学校实际的软、硬件条件，按照省厅通知的要求，最终推荐了 17 所学校和 5 个试点县（区）的申报材料给广东省教育厅。

2015 年 8 月 21 日，教育部公布 2015 年全国青少年校园足球特色学校及试点县（区）名单，经综合遴选，认定并命名 8627 所中小学校为“全国青少年校园足球特色学校”，38 个县（区）为“全国青少年校园足球试点县（区）”。

2015 年 10 月 16 日，深圳市教育局转发《教育部关于公布 2015 年全国青少年校园足球特色学校及试点县（区）名单的通知》，公布了深圳实验学校、深圳中学初中部、深圳市福田区华富小学、深圳市福田区梅山中学、深圳市翠园中学、深圳市布心小学、深圳市蛇口育才教育集团育才二中、深圳蛇口育才教育集团育才一小、深圳市盐田区田东小学、深圳市宝安区松岗街道东方小学、深圳市大鹏新区葵涌第二小学、深圳市龙岗区福安学校、深圳市龙岗区甘李学校、深圳市平冈中学、深圳市龙岗中心小学、深圳市坪山新区坪山第二小学、深圳市光明新区楼村小学共 17 所中小学校被认定并命名为“全国青少年校园足球特色学校”。同时，其要求各区教育主管部门、各校按照通知要求，高度重视青少年校园足球工作，科学把握校园足球定位，推动深圳市校园足球发展，提高青少年校园足球普及水平；要求校园足球特色学校要增强荣誉感、使命感和责任感，发挥示范带头作用，带动全市各中小学校将校园足球作为课堂体育教学和“校园体育一小时”活动的主要内容，积极开展以班级为参赛单位的校内班级联赛。

2015—2023 年，深圳市共有 195 所学校被教育部认定并命名为“全国青少年校园足球特色学校”。具体名单见表 6 - 1。

表6-1　深圳市全国青少年校园足球特色学校统计表

序号	学校名称	评选时间	行政区
1	深圳市宝安区沙井中学	2016年	宝安区
2	深圳市宝安区新安中学	2016年	宝安区
3	深圳市宝安区荣根学校	2017年	宝安区
4	深圳市海滨中学	2017年	宝安区
5	深圳市宝安区沙井街道垦岗小学	2017年	宝安区
6	深圳市宝安区西乡西湾小学	2018年	宝安区
7	深圳市宝安区宝安小学	2018年	宝安区
8	深圳市宝安区沙井新桥小学	2018年	宝安区
9	深圳市宝安中学（集团）第二外国语学校	2018年	宝安区
10	深圳市宝安区桥头学校	2018年	宝安区
11	深圳市福永中学	2019年	宝安区
12	深圳市宝安区松岗第二小学	2019年	宝安区
13	深圳市宝安中学（集团）塘头学校	2019年	宝安区
14	深圳市宝安区海韵学校	2019年	宝安区
15	深圳市宝安区西乡街道黄田小学	2019年	宝安区
16	深圳市宝安区西乡街道固戍小学	2020年	宝安区
17	深圳市宝安区松岗街道潭头小学	2020年	宝安区
18	深圳市宝安区松岗街道沙溪小学	2020年	宝安区
19	深圳市宝安区官田学校	2020年	宝安区
20	深圳市富源学校	2020年	宝安区
21	深圳市海湾中学	2021年	宝安区
22	深圳市第七高级中学	2021年	宝安区
23	深圳市宝安区黄麻布学校	2021年	宝安区
24	深圳市宝安区黄埔小学	2021年	宝安区
25	深圳市宝安区清平实验学校	2023年	宝安区
26	深圳市宝安区上星学校	2023年	宝安区
27	深圳市宝安区红星小学	2023年	宝安区
28	深圳市新安中学（集团）第二外国语学校	2023年	宝安区

续上表

序号	学校名称	评选时间	地区
29	深圳市龙岗区福安学校	2015 年	龙岗区
30	深圳市龙岗区甘李学校	2015 年	龙岗区
31	深圳市平冈中学	2015 年	龙岗区
32	深圳市龙岗中心小学	2015 年	龙岗区
33	深圳市龙岗区新亚洲学校	2016 年	龙岗区
34	深圳市龙岗区横岗街道大康小学	2016 年	龙岗区
35	深圳市龙岗区深圳中学龙岗小学	2017 年	龙岗区
36	深圳市龙岗区南湾街道沙湾中学	2017 年	龙岗区
37	深圳市龙岗区平湖街道中心小学	2017 年	龙岗区
38	同乐主力学校	2018 年	龙岗区
39	深圳市龙岗区布吉高级中学	2018 年	龙岗区
40	深圳市龙岗区横岗水晶城小学	2018 年	龙岗区
41	深圳市龙岗区华中师范大学龙岗附属中学	2018 年	龙岗区
42	深圳市龙岗区实验学校	2019 年	龙岗区
43	深圳市龙岗区平湖外国语学校	2019 年	龙岗区
44	深圳市龙岗区外国语学校	2020 年	龙岗区
45	深圳市龙岗区深圳大学师范学院附属坂田学校	2020 年	龙岗区
46	深圳市龙岗区清林小学	2021 年	龙岗区
47	深圳市龙岗区横岗高级中学	2021 年	龙岗区
48	深圳市贤义外国语学校	2021 年	龙岗区
49	深圳市龙岗区平湖中学（深圳市龙岗区实验高级中学）	2023 年	龙岗区
50	深圳市龙岗区南湾丹竹头小学	2023 年	龙岗区
51	香港中文大学（深圳）附属道远学校	2023 年	龙岗区
52	深圳市龙岗区横岗中心学校	2023 年	龙岗区
53	深圳市龙岗区南湾实验小学	2023 年	龙岗区
54	深圳市福田区华富小学	2015 年	福田区
55	深圳市福田区梅山中学	2015 年	福田区
56	深圳市福田区红岭中学	2016 年	福田区

续上表

序号	学校名称	评选时间	地区
57	深圳市福田区园岭小学	2016 年	福田区
58	深圳市福田区梅园小学	2017 年	福田区
59	深圳市福田区梅山小学	2017 年	福田区
60	深圳市福田区梅林小学	2017 年	福田区
61	深圳市福田区上沙中学	2018 年	福田区
62	深圳市福田区下沙小学	2018 年	福田区
63	广东省深圳市福田区皇岗小学	2018 年	福田区
64	深圳市福田区教育科学研究院第二附属小学	2018 年	福田区
65	深圳市福田小学	2019 年	福田区
66	深圳市福田区华新小学	2019 年	福田区
67	深圳市福田区上沙小学	2019 年	福田区
68	深圳市福田区黄埔学校	2019 年	福田区
69	深圳市福田区福华小学	2020 年	福田区
70	深圳市福田区福民小学	2020 年	福田区
71	深圳市福田区教育科学研究院附属小学	2020 年	福田区
72	深圳市福田区外国语学校	2020 年	福田区
73	深圳红岭教育集团	2020 年	福田区
74	深圳市福田区莲花中学北校区	2021 年	福田区
75	深圳市福田区外国语高级中学	2021 年	福田区
76	深圳市福田区莲花小学	2021 年	福田区
77	深圳市福田区第二实验学校	2023 年	福田区
78	深圳市福田区外国语学校（福保）	2023 年	福田区
79	深圳市福田区新莲小学	2023 年	福田区
80	深圳市福田区美莲小学	2023 年	福田区
81	深圳市翠园中学	2015 年	罗湖区
82	深圳市布心小学	2015 年	罗湖区
83	深圳市罗湖区锦田小学	2016 年	罗湖区
84	深圳市罗湖区碧波小学	2016 年	罗湖区

续上表

序号	学校名称	评选时间	地区
85	深圳市罗湖区凤光小学	2017 年	罗湖区
86	深圳市翠园中学初中部	2017 年	罗湖区
87	深圳市泰宁小学	2018 年	罗湖区
88	深圳市红桂中学	2018 年	罗湖区
89	深圳市螺岭外国语实验学校	2018 年	罗湖区
90	深圳市文锦中学	2019 年	罗湖区
91	深圳市滨河小学	2019 年	罗湖区
92	深圳市淘金山小学	2019 年	罗湖区
93	深圳市罗湖外语学校初中实验部	2019 年	罗湖区
94	深圳市景贝小学	2020 年	罗湖区
95	深圳市罗湖区百仕达小学	2020 年	罗湖区
96	深圳市水库小学	2020 年	罗湖区
97	深圳市鹏兴实验学校	2020 年	罗湖区
98	深圳市罗湖外语学校	2020 年	罗湖区
99	深圳市翠竹外国语实验学校	2021 年	罗湖区
100	深圳市笋岗小学	2021 年	罗湖区
101	深圳市红桂小学	2021 年	罗湖区
102	深圳市罗湖区翠园东晓中学	2023 年	罗湖区
103	深圳市罗湖区翠园实验学校	2023 年	罗湖区
104	深圳市莲南小学	2023 年	罗湖区
105	深圳市罗湖区翠园东晓创新学校	2023 年	罗湖区
106	深圳市仙桐实验小学	2023 年	罗湖区
107	深圳市蛇口育才教育集团育才二中	2015 年	南山区
108	深圳市蛇口育才教育集团育才一小	2015 年	南山区
109	南山外国语学校（集团）文华学校	2016 年	南山区
110	深圳市南山区第二外国语学校	2016 年	南山区
111	深圳市蛇口育才教育集团育才二小	2017 年	南山区
112	深圳市南山区松坪学校	2018 年	南山区

续上表

序号	学校名称	评选时间	地区
113	深圳市南山区平山小学	2018 年	南山区
114	深圳市南山实验教育集团麒麟小学	2018 年	南山区
115	深圳市南山区南油小学	2018 年	南山区
116	深圳市南山区卓雅小学	2018 年	南山区
117	深圳市南山区第二外国语学校（集团）学府中学	2019 年	南山区
118	深圳市南山区桃苑学校	2019 年	南山区
119	深圳市南山区塘朗小学	2019 年	南山区
120	深圳市蛇口育才教育集团育才三小	2020 年	南山区
121	深圳市蛇口育才教育集团育才四小	2020 年	南山区
122	深圳市蛇口育才教育集团育才中学	2020 年	南山区
123	北京师范大学南山附属学校	2020 年	南山区
124	深圳市南山区西丽学校	2021 年	南山区
125	深圳市南山区前海小学	2021 年	南山区
126	深圳市南山区前海学校	2021 年	南山区
127	深圳市南山区第二外国语集团学府一小	2021 年	南山区
128	深圳市南山外国语学校（集团）科苑小学	2023 年	南山区
129	深圳市南山外国语学校（集团）科华学校	2023 年	南山区
130	深圳市龙华新区民治小学	2016 年	龙华区
131	深圳市龙华区丹堤实验学校	2017 年	龙华区
132	深圳市龙华区清湖小学	2017 年	龙华区
133	深圳市龙华区实验学校	2018 年	龙华区
134	深圳市龙华区上芬小学	2018 年	龙华区
135	深圳市龙华区龙华中心小学	2019 年	龙华区
136	深圳市龙华区潜龙学校	2019 年	龙华区
137	深圳市龙华区鹭湖外国语小学	2020 年	龙华区
138	深圳市观澜第二中学	2020 年	龙华区
139	深圳市龙华区民治中学教育集团	2020 年	龙华区
140	深圳市龙华区行知小学	2021 年	龙华区

续上表

序号	学校名称	评选时间	地区
141	深圳市龙华区同胜学校	2021 年	龙华区
142	深圳市龙华区华南实验学校	2023 年	龙华区
143	深圳市龙华区大浪实验学校	2023 年	龙华区
144	深圳市美中学校	2023 年	龙华区
145	深圳市观澜中学	2023 年	龙华区
146	深圳市坪山新区坪山第二小学	2015 年	坪山区
147	深圳市坪山新区龙田小学	2016 年	坪山区
148	深圳市坪山新区坪山实验学校	2017 年	坪山区
149	深圳市坪山区坑梓中心小学	2018 年	坪山区
150	深圳市坪山区汤坑小学	2018 年	坪山区
151	深圳市坪山区同心外国语学校	2019 年	坪山区
152	深圳市坪山区坪山高级中学	2019 年	坪山区
153	深圳市坪山区坪山中心小学	2020 年	坪山区
154	深圳市坪山区金田小学	2020 年	坪山区
155	深圳市坪山区坪山中学	2021 年	坪山区
156	深圳市坪山区中山小学	2021 年	坪山区
157	深圳市坪山区星辉实验学校	2021 年	坪山区
158	深圳市坪山区新合实验学校	2023 年	坪山区
159	深圳中学坪山创新学校	2023 年	坪山区
160	深圳市坪山区锦龙小学	2023 年	坪山区
161	深圳市盐田区田东小学	2015 年	盐田区
162	深圳市盐田区外国语学校	2016 年	盐田区
163	庚子首义中山纪念学校	2017 年	盐田区
164	深圳市田东中学	2019 年	盐田区
165	深圳市盐田区梅沙小学	2019 年	盐田区
166	深圳市盐田区盐港小学	2020 年	盐田区
167	深圳市宝安区松岗街道东方小学	2015 年	大鹏新区
168	深圳市大鹏新区葵涌第二小学	2015 年	大鹏新区

续上表

序号	学校名称	评选时间	地区
169	深圳市大鹏新区葵涌中学	2016 年	大鹏新区
170	大鹏第二小学	2017 年	大鹏新区
171	深圳市大鹏新区华侨中学	2019 年	大鹏新区
172	深圳市大鹏新区南澳中心小学	2021 年	大鹏新区
173	深圳市光明新区楼村小学	2015 年	光明区
174	深圳市光明新区凤凰学校	2016 年	光明区
175	深圳市光明新区实验学校	2017 年	光明区
176	深圳市光明新区公明第一小学	2018 年	光明区
177	深圳市光明新区公明中学	2018 年	光明区
178	深圳市光明区东周小学	2019 年	光明区
179	深圳市光明区玉律小学	2019 年	光明区
180	深圳市光明区光明小学	2020 年	光明区
181	深圳市光明区公明第二小学	2020 年	光明区
182	深圳市光明区马田小学	2021 年	光明区
183	深圳市光明区外国语学校	2021 年	光明区
184	深圳市光明区李松蓢学校	2023 年	光明区
185	深圳市光明区长圳学校	2023 年	光明区
186	深圳市光明区百花实验学校	2023 年	光明区
187	深圳实验学校	2015 年	市直属
188	深圳中学初中部	2015 年	市直属
189	深圳市第二实验学校	2016 年	市直属
190	深圳科学高中	2017 年	市直属
191	深圳市第一职业技术学校	2017 年	市直属
192	深圳市第二高级中学	2018 年	市直属
193	深圳市第二实验学校	2020 年	市直属
194	深圳实验学校	2020 年	市直属
195	深圳第二外国语学校	2023 年	市直属

二、建设深圳市校园足球特色学校

为进一步落实《教育部等6部门关于加快发展青少年校园足球的实施意见》，推进实施《深圳市中小学体育发展三年行动计划（2015—2017年）》，加快深圳市青少年校园足球的推广和普及，2016年4月28日，深圳市教育局印发了《深圳市教育局关于做好2016年深圳市校园足球特色学校遴选工作的通知》，在全国率先组织开展地市级校园足球特色学校遴选工作，并鼓励深圳市各区教育行政部门依据全国青少年校园足球特色学校基本标准，开展本区青少年校园足球特色学校建设工作，形成建设梯队。

此举旨在通过特色学校遴选，积极推动校园足球的普及，形成一批校园足球教育教学工作引领示范典型，推动广大中小学全面普及校园足球，带动学校进一步强化体育课和课外锻炼，全面落实“校园体育一小时”，切实提高学生体质健康水平，满足学生足球学习的需求。2016年遴选首批100所市级足球特色学校。到2020年，争取建设市级足球特色学校300所。整合深圳市“校园足球定点学校”“体育传统项目学校”等现有资源，立足实际，着眼长远，注重引导，鼓励创新，吸引和鼓励更多的学校提高体育教学质量，努力争创校园足球特色学校。

凡达到校园足球特色学校基本条件的学校，均可自愿申报，各区教育行政部门根据校园足球特色学校基本条件要求，组织专家对本区申报学校的申报报告及材料进行审核，将达到标准要求的学校列为遴选对象，在向社会公示的基础上，向深圳市教育局进行推荐。要求各区教育行政部门高度重视，广泛动员，统筹协调，认真组织，严格把关，确保把条件有基础、活动有普及、开展有特色的学校遴选出来，并加大对校园足球特色学校的支持力度，完善政策措施，加强指导管理，提高教育教学质量，带动校园足球更广泛普及和深入发展。各申报单位要严格按照本通知要求，依据《全国青少年校园足球特色学校基本标准（试行）》，实事求是撰写申报报告，做到申报材料真实可靠，有备案可查。对于申报材料弄虚作假的单位，实行“一票否决”。深圳市教育局在各区教育行政部门推荐的基础上，组织专家进行复核遴选，并结合相关工作进行实地抽查，经面向社会公示后，最终确定特色学校名单，并予以公布。

深圳市教育局对获评“深圳市校园足球特色学校”的单位予以命名并授

牌，给予每所特色学校每年 10 万元的专项经费支持；优先推荐获评学校参加全国青少年校园足球特色学校遴选；对校园足球特色学校在招收足球特长生、校园足球教学、训练和竞赛、师资培训、选送学生培训等方面给予一定的政策倾斜，并将校园足球特色学校情况纳入教育工作考核内容。

根据 2016 年《深圳市教育局关于做好 2016 年深圳市校园足球特色学校遴选工作的通知》的要求，深圳全市各中小学校积极参加本次遴选工作。在各中小学校自主申报、各区教育行政部门审核择优推荐的基础上，深圳市教育局组织专家进行了复核，经综合遴选，认定并命名深圳中学（高中部）等 100 所中小学校为深圳市校园足球特色学校，并对被命名学校提出要求：第一，明确职责任务，持续改革发展。校园足球特色学校要增强荣誉感、使命感和责任感，按照《全国青少年校园足球特色学校基本标准（试行）》的要求，高度重视青少年校园足球工作，科学把握校园足球定位，加强组织领导，建立健全校园足球工作领导小组，及时制订完善学校足球工作计划方案，深化教学改革，强化条件和安全保障，保持鲜明特色。第二，完善政策措施，加大支持力度。各区教育行政部门要会同有关部门，把校园足球特色学校建设纳入本区教育发展规划，制订本区的管理、建设和支持方案，明确工作目标，完善政策措施，在教育教学、训练竞赛、招收特长生、师资配备、场地建设、经费投入和安全管理等方面加大支持力度，加强业务指导，加强考核管理，并建立发挥校园足球特色学校带动本区校园足球工作全面发展的有效机制。各区教育行政部门要开展本区校园足球特色学校建设工作，形成建设梯队。第三，加强质量监测，实施动态管理。深圳市教育局将研制特色学校工作管理办法、评估指标体系和动态调整机制，建立管理信息系统和质量监测制度，将校园足球特色学校工作情况纳入教育督导检查和学校体育工作评价，定期实施专项检查及随机“飞行检查”，对于不合格的单位，责令其限期整改，直至取消命名并予通报。第四，规范资金管理，确保专款专用。为大力发展校园足球，财政给予每所校园足球特色学校每年 10 万元的奖补资金。各学校要按照财务管理规定的相关要求，严格执行有关财经法规和资金拨付使用程序，专项资金专款专用，不得用于与校园足球无关的工作，不得挪作他用。

深圳市校园足球特色学校的遴选和建设工作走在全国的前列，有助于深圳市校园足球运动水平得到更加快速、全面的提升。

第四节　引进外籍教师，加强师资队伍建设

为加强全国青少年校园足球师资队伍建设，提升中小学足球教学质量，2015 年，教育部开展聘请外籍教师支持项目，决定对聘请校园足球高水平外籍教师的部分地方和学校给予支持，学习借鉴国外青少年足球教学先进经验，带动和培训中小学体育教师改进教学方法，参与和指导学校组织教学训练和竞赛活动，鼓励学生广泛参与校园足球活动，掌握足球运动技能，不断提升青少年校园足球的教育教学质量。支持办法由省级统筹，以市级教育行政部门为单位，以学校为主体进行资助。每省份原则上资助一个地市，每个地市资助 1 ～3 所学校，共 5 名左右足球外籍教师。资助经费由国家 2015 年青少年校园足球扶持资金支持，根据各学校与足球外籍教师签订合同或协议中明确的年薪进行一定额度的资助，资助经费主要为外籍教师的税前薪酬、国际差旅、安全保险、招募引进服务费和适当的生活补贴等。拟聘请的外籍教师除具备国家外国专家局印发的《外国专家来华工作许可办理规定》中聘请外国专家来华工作许可的一般条件外，还应具备欧足联 C 级（含）以上教练证或同级别证书、青少年（15 岁以下）足球培训教学经历等相关标准和条件。对工作经验丰富的外籍足球教师申请人，可适当放宽学历等要求。申请外籍教师的学校须持有由国家外国专家局统一制发的“聘请外国文教专家单位资格认可证书”，具有聘请外国文教专家资格，且有一定的外事管理经验。申报学校同时要在开展校园足球方面具有一定的特色，在当地具有一定的示范能力。

2015 年 3 月 24 日，教育部印发了《关于征集以城市为单位聘用外籍足球教师需求的函》，要求各省级教育行政部门选定当地一个城市作为聘用外籍足球教师的试点城市。

2015 年 4 月 1 日，广东省教育厅办公室转发《关于征集以城市为单位聘用外籍足球教师需求的通知》，明确将依据各地市申报表中聘用外籍教师工作的基本设想和地方拟给予的政策支持，结合报送地市校园足球工作的开展情况，向教育部推荐一个地市作为广东省聘用外籍足球教师的试点城市。

深圳市教育局积极申报，主动争取，明确工作的基本设想：第一，成立校园足球外籍教师工作小组办公室。办公室对足球外教来深圳生活、工作总

负责并派专人进行衔接联络。办公室制订足球外教工作计划，选拔使用学校（不少于10所），按照谁使用谁管理的原则，对使用学校进行监督。第二，办公室制订足球外教使用学校工作计划及考核制度。使用学校针对该计划制订学校使用计划，做到有计划有落实有总结。第三，办公室制定使用学校考核标准，使用学校对足球外教进行监督考核，制定考核标准、学生满意度调查，考核做到有数据有依据。第四，办公室组织两期全市校园足球教练员培训班（上半年一期、下半年一期）、组织一月一次足球外教公开课，全部由外教授课，组织深圳市校园足球教练员学习交流。第五，办公室组织“感恩外教、欢送外教，快乐足球嘉年华”活动，深圳市使用外教学校部分学生、参与学习的全部教练员参加，以这种教练组织、学生参与展示的形式向外教汇报致谢。第六，办公室成立宣传小组，将外教进学校、培训教练员、上公开课、快乐生活等情况通过公众号、报纸、电视台等进行宣传报道。最终，深圳市被广东省教育厅确定为广东省唯一的教育部校园足球外籍教师试点城市，由此开始了校园足球外籍教师深圳行的相关工作。

一、遴选外籍教师资助学校

深圳市教育局通过广泛宣传，鼓励学校积极自主申报，再按照教育部有关资助要求，结合各申报学校校园足球开展情况，最终遴选出深圳中学、深圳实验学校、深圳市南山外国语学校（集团）文华学校（简称“文华学校”）、深圳市布心小学、深圳市福田区园岭小学为外籍教师资助学校。

二、外籍教师的遴选办法和工作任务

深圳市的5位外籍教师，均是教育部遴选并推荐的，以中央财政经费支持，深圳5所学校免费使用。这5位外籍教师中，2位来自英国，2位来自荷兰，1位来自塞尔维亚，均是足球发达国家，他（她）们大都是前国家队或顶尖高水平俱乐部成员。其中，分配到深圳市园岭小学的朱莉卡更是塞尔维亚青年女子国家队教练。但分配到深圳中学的英国教练因签证问题，未能成行。每名外籍教师执教一年，负责学校的校园足球课堂教学、训练和课外活动，并承担深圳市校园足球的推广、足球师资培训等工作，参与设计实施深圳市足球教师培训计划、支持深圳市校园足球相关活动。执教期间，每位外籍教师还要巡回指导10所以上中小学开展足球活动。

三、前期准备工作

外籍教师来深圳之前，深圳市教育局德体卫艺处同5所学校认真学习《中华人民共和国出境入境管理法》及实施条例、《广东省中等以下教育机构聘请外国专家单位资格认可办理规定》、《国家外国专家局关于印发外国人来华工作许可服务指南（暂行）的通知》、《在中国境内就业的外国人参加社会保险暂行办法》等法律法规。帮助外籍教师完善来华工作许可提交材料，加强外籍教师资质审查，做好外籍教师的岗前教育培训工作。秉持外事无小事的理念，建议5所学校按照精细原则，工作细致，精益求精，注重细节，加强合作，统筹好各个职能部门（包括教育、体育、公安、外交、外专）和单位内部相关部门的工作，为外籍教师来深工作做好服务。

深圳市教育局于2015年9月11日在市民中心召开了校园足球外籍教师支持项目工作会议，市教育局范坤副局长、德体卫艺处钟子荣处长、市教育局师资处负责外籍教师管理的工作人员和福田区、罗湖区、南山区教育局体育专干或教研员，以及深圳中学初中部、深圳实验学校、深圳市园岭小学、深圳市布心小学、文华学校校长及负责外籍教师工作的相关人员、体育科组长或负责校园足球的教师参加会议。会上印发了《校园足球外籍教师工作指引》，介绍了校园足球外籍教师支持项目的基本情况和外教管理、手续办理等事宜，并对聘用学校提出相关工作要求：按照《校园足球外籍教师支持项目工作流程》落实相关工作；认真学习教育部工作资料、外国专家局的2份PPT及工作流程图；安排专人负责外籍教师管理及手续办理工作，确保手续齐全，并做好工作期间的档案管理和信息收集等；学校为外籍教师提供食宿，可安排在教师公寓或租房，不必特别对待，只要有简单的生活设施即可（最好有独立的卫生间），吃饭在教师食堂，或发放一定的补助由外教自行解决；加强管理，确保外教安全。外教工作之余外出旅游等需请假，保持联系。外教不得在非正式宗教场所从事宗教活动。

2015年12月，4位外籍教师陆续来到深圳，深圳市教育局德体卫艺处和各学校分别举行了简单而温馨的欢迎仪式。

四、召开外籍教师工作座谈会

2016年4月6日，深圳市教育局在文华学校召开校园足球外籍教师工作座谈会。会前，深圳市教育局范坤副局长慰问了全体校园足球外籍教练，代表深圳市教育局和郭雨蓉局长欢迎5位外籍教师来深任教，勉励他（她）们适应环境，愉快工作，加强交流，传技送艺，培育苗子，提升水平。在随后召开的全市校园足球特色学校负责人座谈会上，范坤副局长强调：各区教育部门和学校要高度重视学校体育工作，坚持以体促德、以体提智、以体强心。以校园足球作为学校体育改革的突破口，青少年学生足球运动的开展，要立足本校，扩大培训，有效传带，提升水平，带动学校的各项工作和学生综合素养的提升。范坤还要求聘任校园足球外籍教师的学校要用好管好外籍教师，加强足球师资培训，加快推进深圳市校园足球的普及和提高。座谈会上，深圳市教育局相关处室负责人对外籍教师聘任管理做了布置。有关学校介绍了外籍教师的工作安排，文华学校邓展望老师汇报了赴法学习校园足球情况。座谈会结束后，参会人员还观摩了深圳市南山外国语学校（集团）校园足球四级联赛。

五、举办培训班

2016年7月6日，深圳市校园足球特色学校管理干部、教练员培训班在文华学校开班。深圳市教育局德体卫艺处、市教育科学研究院和深圳市南山外国语学校（集团）有关负责人和教研人员、各区体育专干和教研员，深圳市全国青少年校园足球特色学校和市级校园足球特色学校管理干部和教练员共200余人参加了培训。培训班上，教育部委派到深圳实验学校、布心小学、深圳市园岭小学、文华学校四所学校的外籍教师分别进行了足球教学课、足球训练课展示；文华学校教师邓展望介绍了文华学校校园足球普及情况；教育部青少年校园足球专家委员会委员臧连明教授向大家解读了校园足球的政策以及全国校园足球开展的热点问题。深圳市体育教研员刘晋表示，外籍教师无论是足球课还是训练课的教学都表现出过硬的专项素质，整节课与学生的互动性强，教学设计合理，对提高深圳市足球教学水平具有积极的借鉴作用。本次培训是深圳市教育局为进一步贯彻落实《教育部等6部门关于加快发展青少年校园足球的实施意见》，推进实施《深圳市中小学体育发展三年行动计划（2015—2017 年）》，加快深圳市中小学校校园足球的推广和普及，提高校园足球教学质量的重要举措。深圳市教育局德体卫处负责人要求所有校园足球特色学校珍惜荣誉、找准定位、明确任务，按照《全国青少年校园足球特色学校基本标准》的要求，不断完善各项工作，发挥示范引领作用，带动深圳市校园足球运动的蓬勃发展，让更多的学生参与其中，享受足球运动带来的健康和乐趣。

第五节　举办全国校园阳光体育足球班级联赛城市赛

全国校园阳光体育足球班级联赛城市赛是全国亿万学生阳光体育运动领导小组办公室主办的一项创新赛事，以全国校园阳光体育足球班级联赛为基础，在阳光体育足球班级联赛校内比赛结束后，集合各城市校内班级联赛冠军举行比赛。该项赛事第一次将校内班级足球联赛与城市校际足球赛有机结合起来，真正做到了足球走进校园、走进班级，为校园足球发展提供了一个全新的全国性平台，为班级赛的冠军们提供更高的展示平台，真正以班级联赛推动校园足球的普及开展。该项赛事基本定位是以班级为单位的、全年龄段青少年参与的全国性校际足球比赛；目的是让孩子享受足球运动最纯粹的快乐，与同窗好友并肩战斗、共同成长。计划在北京、上海、广州、天津、武汉、哈尔滨、长春、西安、重庆、杭州、大连、南京、济南、成都、青岛、深圳等共 16 座城市举行，每座城市 64 所小学、16 所初中、8 所高中，共有 1 408 所中小学校的 19 456 名学生参加，举行 4 864 场比赛，辐射人口达数百万。

2015 年 11 月 25 日，广东省教育厅转发全国亿万学生阳光体育运动领导小组办公室《关于共同主办 2015—2016 年度全国校园阳光体育足球城市赛深圳站的商函》。该函指出，鉴于深圳市的阳光体育和校园足球工作水平处于全国前列，基础好，成绩突出，为推进 2015—2016 年度全国校园阳光体育足球班级联赛，加大校园足球的宣传力度，拟在 2016 年 4 月组织全国校园阳光体育足球城市赛深圳站比赛，邀请深圳市 64 所小学、16 所初中、8 所高中的阳光足球班级联赛冠军班级参加，采用 5 人制比赛，在两个周末完成全部竞赛。商请深圳市教育局共同主办深圳站赛事，竞赛经费由全国亿万学生阳光体育运动领导小组办公室负责。

2015 年 12 月 7 日，深圳市教育局印发《关于开展 2015—2016 年度全国校园阳光体育足球班级联赛的通知》。为贯彻《教育部等 6 部门关于加快发展青少年校园足球的实施意见》，科学把握校园足球定位，推动深圳市校园足球发展，提高青少年校园足球普及水平，根据全国亿万学生阳光体育运动领导小组办公室《关于开展 2015—2016 年度全国校园阳光体育足球班级联赛的通知》的要求，于 2015 年 12 月至 2016 年 4 月在全国中小学校开展全国校园阳光体育足球班级联赛。全国亿万学生阳光体育运动领导小组办公室与深圳市教育局于 2016 年 4 月组织班级联赛的冠军队伍进行 5 人制的全国阳光体育足球班级联赛校际城市赛深圳站比赛，并提出具体要求：

第一，开展校内班级联赛是教育部门推动校园足球普及的重要抓手，也是青少年学生广泛参与足球活动的基础。深圳市各区、学校要以此为契机，积极开展校园足球班级联赛，把深圳市校园足球班级联赛进一步抓实抓好抓到位。市教育局对各区、学校开展班级联赛的情况进行检查，并择机召开全市中小学班级联赛工作现场会，不断加大班级联赛的推广力度。第二，全国青少年校园足球特色学校和拟申报市级校园足球特色学校的单位必须积极参与本项活动，认真组织开展学校班级联赛。各校参与本次活动组织班级联赛的情况和校园足球的普及程度是深圳市 2016 年遴选 100 所特色学校的重要指标。第三，各校在 2016 年 3 月底前将开展班级联赛的竞赛材料（包括比赛通知、方案、秩序册、成绩册、比赛照片 2 ～3 张、联赛总结等）报送至各区教育局（市局直属学校报送至市教育局德体卫艺处），各区教育局再统一将本区班级联赛开展情况统计表和其他所有资料报送至深圳市教育局德体卫艺处。

2016 全国校园阳光体育足球城市赛深圳站班级联赛，各学校根据自身实际情况组织预赛。小学组在各校三至六年级进行班级联赛，最后决出学校各年级班级联赛冠军；初中组进行各校七至九年级班级联赛，最后决出学校各年级班级联赛冠军；高中组进行高一、高二年级班级联赛，最后决出学校班级联赛冠军。各区、各校通过校内班级联赛选拔出各年级班级联赛冠军参加城市赛。由此，全市中小学校掀起了一股开展校园足球班级联赛的热潮。据不完全统计，仅 2015 年 12 月至 2016 年 5 月间，深圳市就有 150 多所中小学校举行了校园足球班级联赛。

2016 年 5 月 10 日，深圳市教育局印发《2016 年全国校园阳光体育足球班级联赛城市赛（深圳站）竞赛规程》，定于2016年5月28—29日、6月4—5日举办“2016年全国校园阳光体育足球班级联赛城市赛（深圳站）”。该项赛事要求各区按照竞赛规程要求，根据区内班级联赛的情况推荐参赛班级。各区和参赛学校应严格按照竞赛规程的要求，认真审查运动员的参赛资格，严禁弄虚作假，对违反公平竞赛规定的单位和个人，将按照相关规定取消参赛资格，所获成绩做无效处理，并对学校和领队、教练等有关人员依规处理。同时，该项赛事公布了深圳市教育局德体卫艺处违纪舞弊监督举报电话。比赛设高中组（高一年级）、初中组和小学组（五至六年级）三个组别，参赛运动员必须是在报名日期前具有深圳市正式学籍的本校在读学生，且由所在同一个班级的学生组成班级代表队参赛。各参赛队伍以班级为单位，每队可报领队1人，教练员（可以是学校足球教练、班级体育任课老师、班主任或家长等）1人，医生1人，运动员人数8人。

为确保比赛公平公正顺利举行，2016年5月25日上午，在文华学校举行了2016年全国校园阳光体育足球班级联赛城市赛（深圳站）教练、领队和裁判长联席会议。深圳市教育局德体卫艺处负责人在会上重点强调各参赛单位和资格审查的裁判组必须认真审查运动员的参赛资格，运动员必须由所在同一个班级的本班学生组成。学校无小事，教育无小事，处处是育人，要求所有单位以育人的高度严格要求自己，严禁弄虚作假。既强调纪律，明确对于违反公平竞赛规定的学校和领队、教练将依规进行严肃处理，又号召大家共同营造深圳市中小学校风清气正的竞赛氛围；既要自律，严格遵守竞赛规程，又要他律，相互监督，对于弄虚作假行为要勇于举报。同时，该项赛事公布了监督举报电话，保证对于被举报的弄虚作假的线索一定会认真对待、严肃处理，承诺努力创造公平公正公开的比赛环境，为各参赛队伍提供最好的比赛氛围和优质服务。最终，整个比赛过程，得到了绝大多数参赛队伍的支持和配合。仅有一个参赛队伍，在报名时弄虚作假，加入了一名非本班学生，赛前被裁判组审查运动员报名资格时发现，取消了整个队伍的参赛资格，并在闭幕式上予以通报批评。

全国校园阳光体育足球班级联赛城市赛（深圳站）于2016年5月28—29日、6月4—5日在深圳湾体育中心足球场举行，共有55所小学、15所初中、7所高中学校的获得校内班级联赛冠军的班级队伍参赛。全国亿万学生阳光体育运动领导小组办公室陈智勇主任两次来到深圳考察城市赛深圳站情况，对深圳站的比赛组织和各校班级联赛开展情况给予了非常高的评价。全国亿万学生阳光体育运动领导小组办公室于 2017 年 8 月 18—19 日在浙江省金华市举行了“2017 全国校园阳光体育足球班级联赛发展研讨会”，深圳市教育局作为 2016 年校园阳光体育足球班级联赛城市赛突出贡献单位受邀参加研讨会，并在会上介绍城市赛的成功经验。文华学校被评为“全国校园阳光体育足球班级联赛示范校”，并在会上介绍经验。

第六节　全国首创校园足球班级联赛三级体系

2017 年 6 月 18 日，由深圳市教育局主办的“2017 年中小学生校园足球班级联赛”在深圳湾体育中心圆满落幕。比赛从 6 月 10 日开赛以来，共有来自 10 个行政区和市教育局直属学校的 77 支班级足球队 700 多名运动员参加了这次市级比赛。

深圳市教育局以校园足球班级联赛作为重要抓手，大力推动校园足球运动普及。本次比赛彰显了两大特色：普及性与教育性。

一、以校园足球班级联赛为抓手，推动校园足球运动普及开展

以往的校园足球比赛，常常是学校成立校级足球队，各校队之间开展交流比赛活动，学生的参与面不广，每个学校只有极少数学生有机会参与足球活动。而校园足球班级联赛从设计之初就是面向全体学生。为此，深圳市教育局制定了完善的校园足球班级联赛三级竞赛体系：校内竞赛体系、区级竞赛体系和市级竞赛体系。校内竞赛是各校以班级为参赛单位在校内开展的竞赛活动。小学一、二年级开展以兴趣培养为主、丰富多彩的足球活动和趣味性足球技能竞赛，三年级以上组建班级足球代表队，开展校内班级足球联赛；确因场地原因无法举行比赛的学校，应开展以兴趣培养为主、丰富多彩的足球活动和趣味性足球技能竞赛。区级比赛是指各区中小学生校园足球班级联赛。市级比赛是全深圳市中小学生校园足球班级联赛。

深圳市校园足球班级联赛三级竞赛体系彻底改变了校园足球只是极少数人参与的局面，掀起了校园足球运动的高潮，部分确因场地原因无法举行班级联赛的学校，也开展了以兴趣培养为主的丰富多彩的足球活动和富有趣味性的足球技能竞赛。同时，全市各中小学校将校园足球作为体育课堂教学和

“校园体育一小时”的主要内容，不断深化体育教学改革，提高体育课堂教学质量，培养学生足球运动的兴趣和技能，使足球成为学生终生受益的体育锻炼项目。

二、以校园足球活动为载体，发挥足球运动育人功能

国家主席习近平在会见国际足联主席因凡蒂诺时指出：“足球运动的真谛不仅在于竞技，更在于增强人民体质，培养人们爱国主义、集体主义、顽强拼搏的精神。”在全社会培养积极向上的足球文化，这是中国足球改革发展的地基工程、百年大计。深圳市教育局深刻领会校园足球的要旨，准确把握校园足球定位，坚持立德树人，发挥校园足球项目在培养学生遵规守纪、公平竞争意识、形成科学健身方式、养成良好行为习惯等方面所具有的独特育人功能，坚持一手抓学生体质健康水平，一手抓学生健全人格。

深圳市教育局坚持把诚信教育当成组织中小学生足球班级联赛的前提条件，并渗透到每个细节中。在市级校园足球班级联赛每场比赛开赛前，双方队长都需要交换《深圳市校园足球班级联赛公平竞赛诚信承诺书》，承诺所有队员来自同一个教学班级，并将参赛队员名单进行公示。此项活动的开展很有创意，也很有教育效果，在多年的市、区两级班级联赛中极少出现球队弄虚作假的现象。赛场上，队员们有时顶着烈日，有时冒着大雨，在绿茵场上奋力拼搏，他们只有一个信念：为班争光，为校争光！他们的拼搏精神、强烈的集体荣誉感也深深感染了前来呐喊助威的同学、老师和家长。同时，组委会还注重在细节中引导孩子的感恩教育。2017 年比赛的决赛当日恰逢父亲节，在很多队员的建议下，孩子们打出了“一起踢球吧，爸爸！祝爸爸节日快乐！”的横幅，用这种方式表达了对爸爸支持孩子踢足球的感激之情。到场观球的爸爸们都很感动，纷纷慨叹“孩子懂事了”。

深圳的校园班级足球联赛能给我们带来什么？除了强健的体质、集体荣誉感、拼搏的精神，应该还有诚信的品德、感恩的情怀、良好的行为素养。我们相信，在深圳这块沃土上，依靠良好的创新机制，依靠广大教师的智慧，一定可以给喜爱足球的孩子们提供更广阔的展示空间，让校园足球开出绚丽的文明之花，让学生收获更多的成长和快乐。

第七节　申报全国青少年校园足球改革试验区

根据《中国足球改革发展总体方案》和《教育部等6部门关于加快发展青少年校园足球的实施意见》部署，2015年教育部开展了首批全国青少年校园足球改革试验区遴选工作，内蒙古自治区、青岛市、厦门市和吉林延边朝鲜族自治州4个地区被教育部批复同意建设改革试验区。一年多后，改革试验区工作取得了阶段性成果，为推动青少年校园足球改革发展发挥了积极的示范和引领作用。为认真贯彻落实党中央、国务院关于青少年校园足球工作重要指示精神，加快改革步伐，积累典型经验，示范和带动全国青少年校园足球整体发展，继续扎实推进新时代青少年校园足球工作，2016年10月，教育部决定启动新一轮改革试验区申报工作。教育部要求必须由省级人民政府办公厅或地级市人民政府正式行文申报改革试验区，每个省份限报1个改革试验区。申报和批复程序非常严格，由省级人民政府办公厅向全国青少年校园足球工作领导小组办公室（简称“全国校足办”）提出申请，须附有改革试验方案；由地市级人民政府向全国校足办正式行文申请，须附有省级教育行政部门推荐文件和改革试验方案。然后，全国校足办汇总并组织专家对申报材料进行审核，同时组织专家对申报地区进行实地调研和考察。专家组提出遴选建议名单，全国校足办研究确定入选改革试验区名单，经面向社会公示后，报全国青少年校园足球工作领导小组批准，由教育部办公厅代全国青少年校园足球工作领导小组行文批复成立改革试验区，正式启动改革试验区工作。改革试验区的申报条件也近乎苛刻：要求当地党委工作机关和政府高度重视青少年校园足球工作，将青少年校园足球纳入地方经济社会发展规划和年度工作计划并有效组织实施。根据当地经济社会发展情况和足球运动基础，编制好改革试验方案，方案应包括试验背景、试验思路、试验内容、预期效果、保障措施、进度安排等内容，明确改革试验任务和各试验项目的实施周期及进度安排；着力扩大青少年校园足球覆盖面，鼓励支持各年龄段学生广泛参与青少年校园足球运动；着力完善校园足球教学、训练和竞赛体系建设，畅通优秀足球人才成长通道，积极构建校园足球科研、荣誉、资助、舆论宣传引导体系。

广东省教育厅对教育部新一轮青少年校园足球改革试验区申报工作高度

重视，组织专家组对全省 21 个地市的青少年校园足球开展情况进行调研。2016 年 10 月 28 日，广东省教育厅体卫艺处许顺兴处长、李华科长和省体育教研员庄弼教授带领省青少年校园足球专家调研组到深圳调研校园足球开展情况。在宝安区新安中学实地考察并听取了宝安区新安中学、文华学校、福田区梅园小学、深圳中学和深圳市翠园中学的工作汇报。调研组对深圳市的校园足球工作给予了充分肯定，并就进一步创新举措，促进校园足球向更高水平推进给予了指导。省教育厅专家组汇总全省 21 个地市校园足球开展情况调研结果后，一致认为深圳校园足球普及和育人工作亮点突出，决定推荐深圳市代表广东省申报新一轮全国校园足球综合改革试验区，深圳市由此成为广东省第一个申报全国校园足球综合改革试验区的城市。

2017 年 2 月 8 日，深圳市教育局向深圳市人民政府提交《关于以市政府名义申报全国青少年校园足球综合改革试验区的请示》。2017 年 2 月 17 日，深圳市人民政府许勤市长批示同意。2017 年 2 月 25 日，深圳市人民政府同意深圳市教育局《关于以市政府名义申报全国青少年校园足球综合改革试验区的请示》，并向广东省教育厅提交《深圳市人民政府关于支持向全国青少年校园足球工作领导小组提请在深圳市设立全国青少年校园足球综合改革试验区的函》。为进一步推动校园足球运动改革发展，提升中小学生综合素养，为全国、全省足球改革探索有益经验，深圳市申请设立全国青少年校园足球改革试验区。深圳将充分发扬敢闯敢试、改革创新的特区精神，在校园足球体制机制创新、场地和设施配置、政策和经费扶持、师资队伍建设、竞赛体系构成等方面先行先试，为促进青少年学生身心健康和体魄强健，推动国家足球运动发展和人才培养做出更大贡献。

深圳市将发展校园足球作为深圳学校体育改革的突破口和重要抓手，大力推动校园足球运动普及，促进青少年身心健康、体魄强健。通过多年的努力和探索，深圳市校园足球普及工作取得了初步成效，积累了一定经验并打下了良好的基础。具体情况如下：第一，校园足球工作得到高度重视。深圳市高度重视校园足球工作，中共深圳市委、市政府领导多次接见和慰问校园足球代表队伍。深圳全市教育系统高度重视发展校园足球，将发展校园足球作为引领学校体育改革创新的突破口。中小学校将校园足球作为体育课堂教学和“校园体育一小时”的重要内容，培养学生足球运动的兴趣和技能，并通过发展校园足球，推广到篮球、排球和其他项目，使学生掌握终身受益的体育锻炼项目和技能。各级政府部门在健全校园足球组织机构，培养和引进优秀足球师资，整合优质社会足球资源进校园，加大校园足球财政投入等方面，全力提供服务和保障，有效促进了校园足球的普及和发展。

第二，校园足球竞赛体系基本建成。深圳市在继续办好小学、初中、高中校园足球三级联赛的基础上，以推动足球运动普及为目标，积极发展校内足球班级联赛，进一步创新和完善校园足球联赛机制。2015—2016 年度小学、初中、高中三级联赛参赛学校 106 所学校，参赛队伍 161 支，比赛 1 056 场，参赛运动员 2 500 人。2016 年举行了首届全市校园足球班级联赛，200 多所中小学校组织开展了校内班级足球联赛，30 多万中小学生参与校园足球活动。参与足球运动的学生越来越多，每一个孩子都在校园足球活动中找到自己的角色——足球之星、小记者之星、啦啦队之星、漫画之星、征文大赛之星等。这些活动让学生的意志品质、团队意识、合作态度、公平竞争和责任意识得到培养和发展，营造了普及足球活动的良好氛围，也促使以普及为目标的校园足球竞赛体系不断完善。

第三，校园足球特色品牌初步形成。深圳市积极创建全国、省、市校园足球特色（推广）学校。截至 2016 年底，深圳市已有 33 所中小学被教育部命名为“全国青少年校园足球特色学校”。2017 年初，深圳市又分别向广东省推荐一个行政区和 28 所中小学作为省级足球改革试验区和校园足球推广学校。在此基础上，深圳市还率先开展了市级校园足球特色学校建设，2016 年遴选市级校园足球特色学校 100 所，至 2020 年达到 300 所。同时，深圳市积极鼓励各区开展区级校园足球特色学校建设工作，形成建设梯队和品牌。深圳市财政对全国和市级校园足球特色学校分别予以每年 20 万元和 10 万元专项经费支持，专款专用开展校园足球活动。从 2015 年起，深圳市教育局开展中小学“四点半活动”试点，按照生均每年 350 元的标准给予经费补贴，鼓励支持学校通过购买服务的形式引入优质社会资源，弥补师资、场地等不足，开展包括校园足球在内的课外活动，有力促进了深圳市校园足球工作的普及发展。目前试点学校已达到 200 所。很多学校都聘请了外籍教师进入校园开展校园足球活动，以普及为目标的校园足球品牌特色初步形成。

第四，校园足球人才培养和梯队建设成效初显。坚持普及与提高相互衔接和融合，促进校园足球人才培养和运动水平提升。深圳市学校代表队在国际和国内校园足球比赛中取得了优异成绩：以深圳实验学校等多所学校学生组成的深圳少年足球队获 2015 年全国青少年男子 U15 足球锦标赛冠军。该校高中足球队还获得 2016 年广东“省长杯”校园足球赛冠军；深圳市翠园中学足球队先后输送了5名队员去英国、西班牙、巴西等国家的职业俱乐部青训队集训，有20多人入选国家青少年队。该校还分别获得2015年、2016年全国高中足球联赛冠军和亚军，并在2015年亚洲中学生足球锦标赛中获得第四名。许多队员高中毕业即被重点大学录取，培养了一批人品好、球技好、文化好的足球人才。园岭小学获2015年“达能少年世界杯”全国冠军；深圳中学，深圳市蛇口育才教育集团育才二中、育才一小男子足球队和新安中学女子足球队也先后获全国校园足球比赛冠军等。

2017年9月25日，教育部致深圳市人民政府《关于同意设立全国青少年校园足球改革试验区的函》，同意深圳市、上海市、云南省、郑州市、武汉市、成都市、兰州市、滨州市等8省市作为全国青少年校园足球改革试验区开展校园足球改革试验工作。教育部要求改革试验区遵循教育规律、足球运动规律和足球人才成长规律，积极组织、实施青少年校园足球教学、训练、竞赛、课外活动和师资培养培训等方面的系统研究和工作推进，大力提高校园足球工作科学化水平，并及时将改革进展情况报全国青少年校园足球工作领导小组办公室。深圳市成为广东省唯一的全国青少年校园足球改革试验区，任务光荣、责任重大。深圳市全面贯彻落实教育部的工作部署，切实承担起试验任务，抓住机遇、深化改革、先行先试，积极为全省乃至全国推动校园足球改革发展提供经验。

2017年12月20日，教育部办公厅印发《关于召开全国青少年校园足球工作领导小组第三次会议的通知》，定于2017年12月27日在教育部机关北楼二层报告厅召开全国青少年校园足球工作领导小组第三次会议。全国青少年校园足球工作领导小组与12个全国青少年校园足球改革试验区签署改革发展备忘录，要求各试验区人民政府分管负责同志参加。2017年12月22日，深圳市教育局致市政府《关于提请市领导参加全国青少年校园足球工作领导小组第三次会议并签署全国青少年校园足球改革试验区备忘录的请示》，指出教育部高度重视青少年校园足球工作，并由陈宝生部长亲自担任全国青少年校园足球工作领导小组组长，田学军副部长和体育总局副局长蔡振华担任副组长，出台了一系列促进校园足球发展的配套政策和措施。在市领导的高度重视和正确领导下，深圳市中小学校园足球事业蓬勃发展，各级联赛全面展开，校园足球的普及度得到前所未有的提高，并多次在国内比赛中获得佳绩，受到了各界的广泛关注并被教育部认定为全国青少年校园足球改革试验区。为表示深圳市对校园足球运动的高度重视，并表达深圳市支持青少年足球改革的决心，特提请一位市领导代表深圳参加全国青少年校园足球工作领导小组第三次会议并和教育部签署全国青少年足球改革试验区备忘录。2017 年 12 月 23 日，深圳市人民政府办公厅复函市教育局，明确将由深圳市人民政府高自民副市长参加会议，请深圳市教育局做好参会准备工作。

2017 年 12 月 27 日，全国青少年校园足球工作领导小组第三次会议在教育部召开。全国青少年校园足球工作领导小组及办公室全体成员，各省（区、市）教育行政部门体卫艺处负责人（校足办主任），以及全国青少年校园足球改革试验区所在地人民政府分管领导参加会议。会议由教育部田学军副部长主持，陈宝生部长出席会议并讲话。会议主要内容是深入贯彻落实习近平总书记关于校园足球的重要批示精神，总结 2015—2017 年全国青少年校园足球工作，审议有关工作文件，研究部署 2018 年全国青少年校园足球工作重点。全国校园足球领导小组组长、教育部党组书记、部长陈宝生在讲话中强调：要以党的十九大精神和习近平新时代中国特色社会主义思想为指引，扎实推进校园足球长期持续健康发展，为中国足球强起来奠定坚实基础。陈宝生部长指出，近年来，在党中央、国务院的高度重视和各方面的大力支持下，事关全国校园足球发展的若干个关键问题得到解决，取得了阶段性进展。一是“有人想事了”。有关部门、各省区市的领导同志，从事体育、教育工作的有关同志，从战略上谋划、从政策上关心校园足球，建立了校园足球发展的指挥系统。二是“有人办事了”。2015—2017 年，新增 7 万多名足球教师，选派 1 000 多名教练员、运动员到国外培训，引进 360 多名外籍足球教练来华任教，校园足球教师队伍初步建立。三是“有钱办事了”。中央财政加大投入，带动地方投入近 200 亿元，建设足球场地 5 万多块，2 万所足球特色学校建设的 5 年任务提前用 3 年完成。四是“有规则办事了”。教学、培训、竞赛三大体系初步建立，形成了一整套校园足球发展的制度体系。陈宝生部长对做好 2018 年校园足球工作提出五个方面要求：一是要完善施工图。进一步完善校园足球工作总体设计，在具体工作中落实、贯彻好党的十九大精神。二是要啃下硬骨头。进一步健全体制机制，下功夫解决制约校园足球发展的编制、资金、场地、竞赛体系等关键要素。三是要巩固主阵地。巩固好特色学校建设和教学、培训、竞赛三大体系建设，在此基础上稳步推进校园足球阵地建设。四是要奏好“交响乐”。要加强多部门合作联动，增进各方面协同支持，共同推动校园足球健康发展。五是要建好加油站。要研究制定政策体系、激励机制，培育足球文化，推进校园足球长期持续健康发展。会上，教育部与深圳市、上海市、云南省、内蒙古自治区、厦门市、青岛市、郑州市、武汉市、成都市、兰州市、吉林延边朝鲜族自治州、滨州市 12 个全国青少年校园足球改革试验区签署了改革发展备忘录。深圳市人民政府高自民副市长代表深圳市参加会议并与教育部签署了备忘录。深圳市人民政府办公厅黄文剑、深圳市教育局德体卫艺处钟子荣处长和黄镇敏老师陪同参加会议。

在《全国青少年校园足球改革试验区改革发展备忘录》中，全国青少年校园足球工作领导小组对深圳市人民政府提出了具体要求：①加强统筹。建立完善改革试验区校园足球工作组织领导和工作推进机制，统筹推进改革试验区工作，优化本区域内足球教育资源配置，支持学校与科研院校、社会团体、企业等深入合作，加大政策保障和经费支持力度，制定校园足球改革试验区规章制度和实施方案，建立校园足球专家资源库。②深入推广普及。改革试验区在区域内现有校园足球特色学校的基础上，做好校园足球特色学校三年创建规划，制定标准、体现特色、形成模式、凝练经验，力争五年内实现校园足球特色学校倍增计划。③完善教学体系。在全面落实《义务教育体育与健康课程标准（2011 年版）》时要求，在区域内所有校园足球特色学校落实每周面向全体学生开设一节足球课的基本要求，具备条件的学校可以每周开设两节足球课。校园足球特色学校的足球教学要严格落实《全国青少年校园足球教学指南（试行）》的要求，创造条件进一步丰富校园足球课程，切实提高足球教学质量和水平。④完善课余训练体系。科学规划，合理布局，在区域内建设若干“满天星”校园足球精英训练营并不断完善组织体系和运行模式，进一步完善以学区为单位的校园足球课余、周末和节假日训练体系，以完善的课余训练体系促进有潜力的学生提高足球运动技能。⑤完善竞赛体系。科学设计，每年组织开展校内、校际联赛和选拔性竞赛。通过选拔性竞赛组建区域代表队和省级代表队。⑥完善保障体系。第一，加强师资队伍建设。拓宽途径，加大足球师资建设力度，充实学校体育教师和“满天星”精英训练营师资团队。强化体育教师足球专项技能培养培训，加强体育教师和足球教练员交流。通过政府购买服务方式，鼓励支持社会力量参与校园足球“满天星”精英训练营的组织运营。选聘、组建高质量的校园足球外籍教练团队，参与“满天星”精英训练营的教学、训练和比赛指导。第二，切实加大足球场地设施建设力度。整合资源，推动区域内足球场地建设力度，盘活现有足球场地设施资源，着力实现教育系统、体育系统足球场地资源共建共享。第三，健全运动风险和意外伤害保险制度。加强校园足球运动安全教育，推动中小学生和家长树立安全风险意识和法治意识，建立政府、学校和家庭三方安全防范和风险共担机制。探索试验为参加校园足球运动的学生购买足球运动意外伤害保险。加强政府统筹和部门联动，完善足球运动意外伤害处理流程，做好校园足球风险防范和矛盾化解工作。第四，探索特殊人才入学升学支持政策。探索建立校园足球特色学校小学、初中、高中对接招生机制，打通优秀足球人才成长通道。第五，建立运动员注册和转会制度。依托学籍管理系统，建立改革试验区校园足球运动员注册管理系统，探索开展校园足球运动员注册定级和转会工作，形成改革试验区校园足球人才梯队。成立校园足球协会。引入竞争机制，建立校园足球精英训练营运动员比赛选拔机制。第六，加强足球文化建设。加强对各级校园足球比赛的宣传推广，营造浓厚的校园足球文化氛围。第七，严格校园足球管理赛事。校园足球的各个环节、各级各类校园足球赛事要体现育人功能、落实育人要求。校园足球工作领导小组办公室要统筹管理区域内、区域外的相关足球赛事，避免无序参赛。

《全国青少年校园足球改革试验区改革发展备忘录》也明确了全国青少年校园足球工作领导小组可为深圳市校园足球改革试验提供的具体支持：一是连续三年，每年提供一定经费支持深圳市开展校园足球综合改革试验工作。二是支持深圳市进一步推进校园足球特色学校创建工作，大幅增加深圳市校园足球特色学校数量，鼓励和支持更多中小学校发展足球特色，强化学校体育工作。三是支持深圳市进一步完善校园足球教学、训练、竞赛和保障体系，打牢校园足球发展的制度基础、人才基础。支持深圳市建立“满天星”校园足球精英训练营、校园足球协会和校园足球俱乐部。通过全国青少年校园足球海外引智计划引进优秀外籍足球教练支持深圳市校园足球发展。在校园足球师资出国留学、教练员等级证书培训等项目上给予改革试验区一定倾斜。四是支持深圳市探索实施校园足球运动员注册定级和转会机制。五是支持深圳市承办全国青少年校园足球相关活动和国家级青少年足球比赛，搭建校园足球训练、竞赛平台。六是支持深圳市完善校园足球安全风险防控和意外伤害保险制度，做好青少年足球运动安全风险防范和矛盾化解工作，保障改革试验工作顺利进行。七是支持国家级电视、报纸、网络等新闻媒体加大对深圳市校园足球工作宣传报道力度，引导社会资源关注和支持校园足球，打造浓厚校园足球文化。

深圳市人民政府抓住试验契机切实推动校园足球改革发展，后续所做的主要工作有：①做好顶层设计。建立由政府分管领导牵头，教育、体育、发改委、财委、团市委等多部门共同参加的校园足球工作领导小组，统筹推进校园足球改革与发展。研究制订《深圳市青少年校园足球改革试验区建设方案》，适时召开深圳市校园足球改革试验区建设工作部署会。②提升普及水平。科学把握校园足球定位，按照不同年龄阶段科学设计，建立健全校园足球教学体系，积极推进足球教学模式的多样化与科学化，将校园足球作为“校园体育一小时”的主要内容，引导学生积极参加课外足球活动，培养学生足球运动的兴趣并提升技能，使足球成为学生终生受益的体育锻炼项目。③加快校园足球特色学校建设。加大支持力度。发挥传统特色学校的引领作用。加快市级校园足球特色学校的建设。通过特色学校遴选，推动广大中小学全面普及校园足球。④完善校园足球竞赛体系。广泛开展多样化的足球竞赛活动，形成稳定规范的赛制。创造条件承办或组织国内外足球交流比赛，提高足球竞技水平。⑤加强足球教师队伍建设。多渠道配备师资，采取多种方式配齐配强校园足球教师。制订校园足球教师培训计划，结合实际开展多种方式的教师培训。依托深圳拜仁慕尼黑足球学校的优势，开展师资培训与交流等活动，聘请国内外高水平足球专家培训校园足球教师、教练员、裁判员。选派部分优秀教练员、裁判员等到国外学习培训。鼓励通过各种形式聘请高水平的社会体育技能人才、退役优秀运动员等开展足球运动训练指导、“校园体育一小时”足球活动等。⑥提供保障条件。加大经费支持力度，改善场地设施条件，健全运动风险和意外伤害保险制度。在购买中小学校校方责任保险和学生意外伤害保险的基础上，探索购买“校园体育一小时”专项保险或设立深圳市校园体育活动风险防范保障基金。⑦健全学生参与足球激励机制。把足球学习情况纳入学生档案，作为学生综合素质评价的参考。⑧鼓励社会力量参与。鼓励有条件的社会团体、企业等联合开展有利于校园足球发展的公益活动。

第八节 举办深圳市全国校园足球改革试验区现场展示活动

为加快推进深圳市全国青少年校园足球改革试验工作，总结推广全国校园足球特色学校的先进经验，带动深圳市校园足球工作的普及发展，2018 年 5 月 28—29 日，深圳市全国校园足球改革试验区（福田）现场展示活动在福田区园岭小学、华富小学和下沙小学举行。这次活动由深圳市教育局主办，福田区教育局承办，中国教育科学研究院为指导单位。深圳市教育局副巡视员赖群阳、德体卫艺处处长钟子荣和全市各区教育局分管领导，以及全市“全国校园足球特色学校”“广东省校园足球推广学校”“深圳市校园足球特色学校”的校长、校园足球负责人及体育教师，还有全市体育教研员和体育骨干教师近 2 000 人与来自全国的足球专家、体育教研员、教育专家代表聚首鹏城，围绕校园足球进行深度研讨。

2018 年 5 月 28 日上午，开幕式及专家讲座在园岭小学举行。中国教育科学研究院体育卫生艺术教育研究所所长吴键与中国足协战略规划委员会副主任、中国著名足球评论员张路，带来了校园足球改革发展的精彩报告。深圳市教育局副巡视员赖群阳介绍深圳青少年校园足球改革发展历程、取得的成绩和今后发展思路。开幕式上，中国教育科学研究院体育卫生艺术教育研究所所长吴键，中国足协战略规划委员会副主任、北京国安俱乐部原总经理、中国著名足球评论员张路，教育部全国青少年校园足球专家委员会副秘书长、深圳大学教授赵刚，教育部全国青少年校园足球专家委员会委员臧连明，中国教育报体育部主任李小伟和广东省教育研究院体育教研员肖建忠被聘为深圳市青少年校园足球改革试验区专家顾问。随后，园岭小学梅燕歧校长介绍学校足球特色发展情况，并带领所有参会人员参观校园足球“全面育人”特色展示，观看了“小世界杯”足球文化展板、全校足球操和校园足球活动展示等。“为每个学生的幸福人生奠基”是园岭小学多年秉承的办学理念。在学校领导的高度重视和全校教师及家长的大力支持下，该校已经把“一杯”“一课”“一操”“一队”纳入学校体育足球的特色，并与各学科课程进行了融合与渗透。借着足球这阵“春风”，园岭小学实现了各个学科的百花齐放。可以说，足球像一个“支点”，撬动了园岭小学各个学科的融合发展。

2018年5月28日下午，在华富小学开展校园足球“课堂教学促全员普及”特色展示及研讨活动。教育部全国青少年校园足球专家委员会委员臧连明教授，中国教育报体育部李小伟主任深圳市教育科学研究院体育教研员黄镇敏老师，福田区教育科学研究院郭其俊院长、杨春生副院长、体育教研员李晓东老师、体育教研员张仕宜老师，深圳市福田区华富小学周远志老师，江苏省无锡市通江实验小学陈大宁老师以及全国青少年校园足球特色学校、广东省校园足球推广学校、深圳市校园足球特色学校校长及校园足球负责人、全国各地体育教师代表共计500余人莅临华富小学参加本次现场展示活动。现场不仅有讲述华富校园足球29年发展历史中从“雨天一身水，晴天一身泥”的泥土训练场到如今蓝天下的绿茵场的巨大转变的宣传展板，还有弥漫着浓重足球色彩的班级板报。最出彩的是校园足球“课堂教学促全员普及”特色展示活动。本次展示活动中，深圳市福田区教育科学研究院体育教研员张仕宜老师，全国青少年校园足球冠军杯赛优秀教练员、福田区华富小学体育教师周远志老师，以及第五届全国中小学体育教学观摩展示活动一等奖获得者、江苏省无锡市通江实验小学陈大宁老师各带来了一堂精彩的体育足球展示课，华富小学四年级全体学生进行了校园足球课外展示活动。最后，还有校园足球专家论坛。论坛由中国教育报体育部李小伟主任主持，臧连明教授、黄镇敏老师、杨春生副院长和李晓东老师作为特邀嘉宾就“校园足球建设和发展”这个主题与全体参会人员进行座谈分享。李小伟主任在主持时用“振奋”一词，回顾了当天活动给他的整体感受。他说：“今天这个全国青少年校园足球展示活动，让我振奋的有三点：一是校园足球人人参与；二是每周一节足球课充分落实，今天是高温酷暑天气，有着近40℃的高温，三节足球课有一年级的孩子，有四年级的孩子，有五年级的孩子，但没有一个孩子因为高温酷暑而倒下，这就是对我们体育工作者最大的褒奖——说明华富小学校园足球教学工作提升了我们孩子的身体素质，锻炼了孩子的意志品质，这就是我们开展校园足球的最根本目的；三是校园足球文化有内涵，让我们看到了深圳市在校园足球开展这块所做出的巨大努力。”臧连明教授首先回顾了校园足球从全国5 000所学校发展到20 000所的成长历史，同时也对今天展示活动中的三节足球课进行了点评。他谈道：“三堂足球课学生参与度高。足球课堂人人参与，让不了解足球的孩子了解了足球，让原本不怎么喜欢足球的孩子喜欢上了足球，这就是成功！”杨春生副院长与李晓东老师就如何利用教研促进校园足球教学展开了讨论。在随后的专家和与会成员互动讨论环节，特邀专家嘉宾就来自全国各地的体育工作者们提出的诸如“如何将信息技术与足球教学相结合?”“小场地足球教学该如何开展?”等问题进行了深入交流。李小伟主任最后深情谈道：“深圳市校园足球建设，提升了孩子的身体素质；更希望深圳校园足球能让孩子们感受到快乐，让孩子快乐起来，做一个有着幸福感的人！深圳是一个创造了各种奇迹的地方，也希望深圳能在校园足球方面创造一些令人瞩目的奇迹!”

2018 年 5 月 29 日上午，校园足球“家校社区三元联动”特色及现场优质课展示和研讨活动在下沙小学举行。到场的嘉宾有教育部全国青少年校园足球专家委员会委员臧连明，深圳大学教授、教育部全国青少年校园足球专家委员会副秘书长赵刚，江西省教育厅教育教材研究室主任助理、全国中小学体育教学指导委员会委员杨涛，中国台湾高雄市后劲小学校长、校园足球专家赵梓晴，深圳市教育科学研究院体育教研员黄镇敏，福田区教育科学研究院院长郭其俊、副院长杨春生、教研员张仕宜、教研员李晓东，福田区少年业余体校校长王向前。展示活动由足球操表演拉开帷幕，音乐声响起之后，学生、教师、家长同台跑操，不同服饰、不同身份的人汇聚在同一场地，宏大而又和谐。孩子们身穿红色上衣、白色下装，伴随动感激昂的音乐跃动起来。汗水打湿孩子们的额发，但没有浇灭他们眼睛里的热情。孩子们在绿茵场地上奔跑，用整齐划一的舞姿挥洒对阳光足球的热爱。从高空俯瞰，足球操阵队一会呈现奥运五环的造型，一会又如大鹏展翅，像是要从草地一飞冲天，直上九霄。下沙小学的活动现场共向来宾展现了四节体育课，其中一节是家长带领的足球游戏课。家长参与到足球教育之中，是下沙小学“三元联动”教育理念的体现。福田区黄埔学校校长万象贵上的是“球场上角色体验体会团队合作”，下沙小学体育教师张刚上的是“正脚背运球”，著名健美操教练喻德霞上的是“在啦啦操课上寻宝”健美操教学课。三节足球课既展示了足球进课堂的可喜现状，也让来自全国的观众看到了家长参与学校足球训练的深度和广度。足球课堂上，教师细致耐心地为孩子们讲解踢球技巧，并亲身示范。孩子在教师鼓励的目光中放下最初的拘束，全身心投入对足球的学习之中。在多功能会议厅，下沙小学杜丛英校长进行了以“三元联动，共圆孩子足球梦”为题的汇报。其介绍了以学校为主体，家庭和社区积极参与协助的校园足球推动形式。在联动过程中，学校的主要工作是做课题研究，组织教学、训练、竞赛；家庭高度重视，热情参与、大力支持；社区无偿提供场地、提供资金、安保支持。随后，学校一楼多功能室和二楼会议室同时举行了两场论坛。一楼的论坛由深圳市体育教研员黄镇敏主持，参加人员有教育部专家组成员臧连明、赵刚、杨涛和深圳市黄埔学校校长万象贵。二楼的论坛由福田区教育科学研究院郭其俊院长主持，后劲小学校长赵梓晴和下沙小学校长杜丛英参加。各位教育界大咖在谈及足球教育时不约而同地提到，足球教育的目标绝非仅是培养几个梅西、C 罗式的人物，它真正的目的是让更多的人自由投入足球文化的怀抱。无论孩子们未来选择哪一个人生方向，足球所带来的快乐都能浸润到他们的日常生活之中。在二楼的校长论坛中，两位校长交流了各自学校足球推进工作的异同。在郭其俊院长的倡议下，两校决定以足球为媒介，联手互动，为两岸的学子谋福祉，为祖国的统一做贡献。

本次下沙小学会场的深圳市全国青少年校园足球改革试验（福田）现场展示会，不仅展示了下沙小学别具一格的足球校园文化，更是向全国教育界同行推广了从校园足球改革探索出来的有效模式。下沙小学的教师们将砥砺前行，把这一模式辐射到校园篮球、排球、武术、羽毛球、乒乓球等学校体育项目中，形成“一校多品”的体育教学特色，为学生创造更多的发展空间，促进学校内涵发展，尽早满足人民群众对优质教育的需求。

第九节　教育部青少年校园足球工作调研

2018 年 10 月 12 日，由教育部、全国青少年校园足球工作领导小组办公室和中国足协领导组成的教育部青少年校园足球工作调研组，对深圳市校园足球工作开展情况进行了为期半天的调研，广东省教育厅副巡视员邱克楠、广东省教育厅体卫艺处许顺兴处长、广东省教育厅校园足球专家委员会刘江南和周毅等专家，深圳市教育局副巡视员赖群阳、德体卫艺处冯妍妍处长等相关领导也参加了调研。

10 月 12 日上午，调研组第一站来到文华学校。该校自 2009 年开展校园足球以来，本着“以球健体、以球育人、以球育心、以球育智”的原则，以课程为基础，将足球课排进课表，引进专门的师资，对校园足球的日常训练、组织开展、比赛推广等足球普及教育工作进行精细管理、精致发展。学校每年都组织系列校园足球活动，并坚持“以丰富多彩的活动营造浓厚的校园足球氛围、以浓厚的校园足球氛围促进校园足球的普及”的理念开展系列活动。经过多年的努力，文华学校校园足球活动的开展已经成为深圳校园足球窗口。2015 年 5 月中央电视台报道了该校校园足球开展情况。2016 年该校被评为全国青少年校园足球特色学校、全国校园阳光体育班级足球班级联赛示范校。校园足球的“南外模式”，获全国同行高度关注与肯定。调研组对南山外国语学校（集团）校园足球展开了专项调研，南山外国语学校（集团）夏育华校长、文华学校江涛副校长率领文华学校全体行政人员全程参加了此次教育部对校园足球的调研工作。调研组实地观看了校园足球宣传展板、班级足球联赛、啦啦操表演、颠球技能赛。孩子们欢快灵动的表演、卓越的颠球技能赢得了调研组的点头称赞。调研组一行还专程走进文华学校足球荣誉室，听取了邓展望老师在校园足球普及推广工作中的精彩分享，以及邓老师参加教育部首期留法培训的故事，调研组领导对此表示高度赞扬，并即兴在邓老师即将出版的专著《法国足球初体验》扉页题词“祝邓老师与他的校园足球事业越做越好，为中国足球腾飞做出贡献”。在接受校园小记者的采访时，调研组领导用“漂亮”“可爱”“阳光”几个词对校园足球“南外模式”给予了高度评价。调研组最后参观了文华学校富有特色的“足球英语角”。调研组领导希望绿茵场上能有更多孩子的身影，让每一个孩子都能参与到校园足球比赛中来，在竞赛中快乐成长，不断进步。

调研组第二站来到深圳实验学校高中部，重点调研了深圳实验学校高水平足球运动队建设和运动员升学情况。

调研组第三站到福田区下沙小学进行实地视察和了解，并在下沙小学与省、市、区教育局、教育科学研究院，市体育局、足协等相关部门、专家代表和学校代表进行了座谈交流。调研组一行首先观看了下沙小学学生的校园足球操，接着观摩了一年级学生的足球课。在陪同参观的过程中，下沙小学杜丛英校长向调研组介绍了下沙小学“三元联动”（学校、家庭、社区）的校园足球推动模式和围绕足球形成的“三维融合”（足球与读写、足球与艺术、足球与科技）的校园足球文化。调研组领导对师生出的足球班刊、足球报特别欣赏。参观结束后，调研组在下沙小学二楼会议室召开了座谈会，会议由深圳市教育局副巡视员赖群阳主持。首先深圳市足球协会秘书长赵亮汇报了协同推进校园足球工作情况，接着福田区教育局田洪明局长汇报福田区校园足球工作。他指出，一直以来，中共深圳市福田区委、区政府对校园足球的提高抱有极大的责任与担当，区教育局加强领导，制订了全区校园足球规划和工作方案，将开展校园足球运动与全面提升学生综合素养结合起来，完善足球训练条件，将足球作为“校园体育一小时”活动的主要内容，创建俱乐部，建立班、校、区足球联赛制。全区还在储备足球师资、选拔足球人才、营造足球文化等方面做了扎实的工作。推进城中村整体提质升级是福田教育打造“本真、适才、普惠”优质教育的重要举措，作为城中村学校的下沙小学就是从开展校园足球中崛起的新品牌学校。深圳市教育局副巡视员赖群阳汇报了深圳市创建全国校园足球改革试验区推进情况：“我们按照‘四个带动’，即‘课堂教学带动足球氛围，班级联赛带动全员参与，活动过程带动立德树人，足球运动带动学校活力’的思路，布局谋划全市中小学校园足球创新发展。”赖群阳表示，深圳围绕“学校体育的延伸、立德树人的载体、全面发展的基石”这一精神，创新性地开展了一系列校园足球的工作。在重视足球教学、传播足球文化方面，深圳通过扩大足球教师招聘、培训现有师资、外聘社会教练等多种渠道，加强足球教学的教师队伍建设，足球特色学校确保每周至少开设一节足球课，要求既有足球技能的传授，又有足球文化知识的传播，还有与足球相关活动的组织。深圳同时将校园足球作为“校园体育一小时”重点内容。在创新竞赛体系、全员参与普及方面，深圳在小学、初中、高中校园足球三级联赛的框架下，近年重点发展班级足球联赛，意在推动足球普及，不仅搭建多形式的校内竞赛体系，还创新开展校外足球班级联赛。此外，深圳还坚持立德树人，在落实过程育人及创建特色学校方面，发挥示范作用。2018 年全市已有 81 所中小学被教育部评为“全国青少年校园足球特色学校”；福田区、罗湖区被评为省级足球改革实验区；118 所中小学被评为省级校园足球推广学校；全市遴选市级校园足球特色学校 200 所，2018 年底达到 300 所。随后，广东省教育厅邱克楠副巡视员指出，深圳校园足球有很好的基础，是广东唯一的青少年校园足球改革实验区，拥有全省唯一的全国“满天星”训练营，300 个省级示范校、特色校和推广校，深圳占全省所有特色学校的八分之一。从数据上看，深圳校园足球确实地位重要，作用突出，希望深圳能在校园足球方面做出更大贡献，成为全省的标杆。“在加快人民教育事业发展上，希望深圳发挥更好的作用，特别是在学校体育和其他各类体育比赛方面，深圳完全有条件、有资源成为全省的龙头，当好排头兵。”

最后，调研组领导就校园足球工作做了重要讲话，他首先阐明本次调研的目的和意图，就是重点了解深圳校园足球场地设施建设目标、任务和进度安排，校园足球教学、校内竞赛、校际联赛、选拔性竞赛及夏令营活动开展情况，校园足球专项经费、场地、足球教师待遇情况，以及当地足球协会对校园足球的支持情况，等等。调研组领导说：“今天看了三个学校，给我留下了非常深刻的印象。深圳的校园足球可以用‘六个好’来概括：管得好，教得好，练得好，赛得好，融得好，办得好。管得好——政府领导重视，深圳市有好的一系列的政策，政策到位，学校教学、训练、竞赛扎实。教得好——教学工作做得非常扎实，刚才看到下沙小学一年级‘小豆包’享受运动乐趣，又听到杜校长经常以观看孩子的足球运动为乐，都让人感到这里的校园足球做得实、教得好。练得好——无论是从深圳市校园足球队伍取得的成绩，还是各方的努力来看，深圳校园足球的科研训练、教师训练，特别是学生训练中探索新的路径，都非常好。赛得好——深圳的学校班级联赛做得非常扎实，班级联赛与诚信教育、做人的基本行为规范联系在一起，起到了很好的育人作用。融得好——社会各方资源推动教学发展，足协、家长、学校都在全力支持，教育局、文体局、足协等多部门整合各种资源助力校园足球，学校融合家庭、社区、社会资源推进校园足球成效显著。下沙小学‘三元联动’模式就是很好的范例。办得好——就是教学环境的改善，场地几年翻了一番，教师人数翻了一番，真了不起。刚刚走进下沙小学这所城中村学校，看见一批一年级刚进校门一个月的学生，非常享受足球带给他们的乐趣，这也是因为我们的教学工作做得非常地扎实。”调研组领导说：“足球改变了一个城中村孩子的精神面貌。此次到广东调研，总体来说都很好。深圳的做法更具特色，亮点频出。这次调研给我非常大的信心，我们的校园足球工作在广东，特别是广州和深圳确实是扎下根了，大家劲头非常足，效果非常明显。”接着，调研组领导对体育工作提出了三点指导意见。第一，严格落实总书记指示，认真领会、坚决贯彻全国教育大会精神。他指出，总书记的讲话，对我国教育的历史、现状进行了宏观的总结，尤其肯定了改革开放以来教育发展的成绩，对教育发展中的问题做了深刻阐述，破解了教育未来发展的难题。总书记提出的学校体育发展目标即让学生享受运动乐趣、增强体质、健全人格、锤炼意志，这“四位一体”的论述是古今中外关于学校体育教育理论的创新，是我们学校体育教育工作的准则和发展方向，警示我们教育发展必须补齐短板、改变评价体系。第二，把校园足球真正落到实处。一是提高覆盖面，校园足球要以普及为重，要让人人都认识足球、参与足球。二是强化系统性，既要整合多个部门的力量形成管理体系，学校也要形成教学、训练、竞赛的体系。三是增强使命感，制定下一步足球发展的路线图和时间表，要充分认识到体育是全面落实立德树人根本任务不可或缺的一育，中华民族要复兴，就必须提高学生的综合素质。第三，期望深圳、广州把好的经验和做法认真总结，加强宣传。通过校园足球改变一个人、改变一个家庭、改变一所学校，开展校园足球让下沙小学这样的城中村学校变成了名校，这是令人鼓舞的事例，值得推广。最后，赖群阳副巡视员代表深圳市表态：一定要按照调研组和省厅领导的新指示，完善并早日出台深圳市加快校园足球推进工作方案，做新时代勇于担当的教育排头兵。

第十节　深圳市足球专业人才海外培训

为全面贯彻落实党中央、国务院和中共广东省委、省政府关于足球改革发展的总体部署，根据《中国足球改革发展总体方案》和《中国足球中长期发展规划（2016—2050 年）》的要求，结合深圳实际，深圳市人民政府办公厅于 2016 年 9 月 29 日印发了《深圳市足球振兴行动计划（2016—2020 年）》。该计划提出“增强校园足球师资力量……选派部分优秀青少年校园足球工作管理人员、教师、教练员、裁判员赴国外参加专业培训和交流活动”，“加强足球专业人才培训……构建足球教练员、裁判员、讲师等专业人才培训体系，完善培训组织管理架构及培训类别，科学设置培训课程……到 2020 年，争取总计选派 100 名优秀专业人员出国学习”。2018 年 11 月底，深圳市文体局通过政府购买服务，由深圳市足球协会和巴西利高体育有限公司（简称“利高体育”）精心组织了第一批 33 人赴“足球王国”巴西参加海外培训。

一、足球专业人才海外培训

2018 年 11 月 29 日晚，深圳市足球专业人才海外培训团队一行 33 人飞抵巴西圣保罗，展开为期 12 天的培训。其间，学员们还观摩了在圣保罗举行的“深圣海外杯”国际青少年足球对抗赛，参访了圣保罗大学体育学院、圣保罗足球俱乐部，与多位巴西足球专家进行了全方位的交流。

加大足球专业人才培训是深圳足球体制改革的一项重要举措和深圳足球改革的重要内容。本次培训得到了巴西圣保罗足球工会和圣保罗大学体育学院的大力支持。巴西是足球王国，巴西国家队曾五夺世界杯冠军，巴西的青训体系盛产足球明星。深圳市足球专业人才海外培训选择巴西作为目的地，就是为了给深圳足球长远发展制定一个体系标准，同时让学员更深入地了解巴西足球文化，开阔视野，提高自身业务水平，为深圳培养更多更优秀的足球专业人才。参加首期培训的 33 名学员，都是长期投身青训工作、为深圳足球做出过一定贡献的专业人士。他们中除了市各级青少年梯队、区业余体校教练员代表和市、区足协竞赛官员、裁判员代表外，大多是来自全市各中小学校的校园足球教师。

利高体育负责本次海外培训在巴西期间的组织工作。利高体育隶属于巴西中国经济文化发展协会，与巴西足球协会、圣保罗足球工会、圣保罗大学体育学院以及圣保罗、桑托斯、科林蒂安、帕尔梅拉斯等百年足球俱乐部，都有较密切的合作关系。为了本次培训能在短时间内让学员取得更大收获，深圳市足球协会和利高体育前期做了大量准备工作，精心安排了培训课程和活动内容。本次培训的主要内容包括理论课、现场教学、比赛观摩、参访巴西圣保罗足球俱乐部、与国际球星交流等。足球理论课、现场教学和交流讨论，全部安排在巴西世界杯期间克罗地亚队入驻的圣保罗索罗卡巴足球训练基地进行。讲师们从理念、手段和细节入手，针对不同年龄的青训对学员进行培训，同时专业讲师分别从裁判、体能、运动损伤与康复、营养学、心理学等多方面对学员进行了专项培训。培训班讲师团队负责人是巴西圣保罗大学教授、体育学院院长米兰达，主讲讲师是以下三位：比尼亚蒂是圣保罗大学体育学院足球教材的编写者之一；贝贝托在桑托斯俱乐部任职青训体能教练期间，曾参与了对内马尔的训练；莫塔担任过多家职业俱乐部教练、青年队教练，是巴西圣保罗大学体育学院足球教练进修教材的编写者之一。课程除了三名主讲师外，还邀请了包括科林蒂安 U20 以下青训教练、帕尔梅拉斯 U17 队主教练等多位青训专家和裁判讲师共同为学员授课。曾经荣获室内五人制足球世界杯的最佳球员和最佳射手，也曾五次荣膺“世界室内足球先生”和“室内五人制足球皇帝”称号的法尔考于 12 月 8 日专程来到索罗卡巴足球训练基地与学员进行交流，并率领巴方教练与深圳的足球教练打了一场友谊赛。12 月 8 日下午，本次深圳市足球专业人才海外培训的结业仪式在索罗卡巴足球训练基地球场举行。巴西方讲师教练团队负责人，圣保罗大学教授、体育学院院长米兰达，向每一位学员颁发了结业证书。12 月 10 日，学员们在体育学院院长米兰达和几位讲师的陪同下，参访了著名的圣保罗大学体育学院。巴西圣保罗大学是南美洲最大的高等学府，圣保罗大学体育学院在 2018 年 QS 全球大学体育专业排名第 31。随后，参加深圳市足球专业人才海外培训的 33 名成员以及 U17 和 U16 深圳市青少年梯队的选手，参访了圣保罗足球俱乐部。巴西圣保罗足球俱乐部成立于 1930 年，这家历史悠久且战绩辉煌的俱乐部曾三次捧起南美解放者杯，也曾在 1992 年、1993 年两夺丰田杯，并在 2005 年成为世俱杯冠军。这一成绩在巴西俱乐部中首屈一指。圣保罗俱乐部还是足球巨星的摇篮，拉易、卡福、卡卡、德尼尔森、卡塞米罗等都是圣保罗打造，还有中国球迷非常熟悉的广州恒大强援、巴西国脚保利尼奥。在圣保罗俱乐部，学员们参观了圣保罗队的主场莫隆比球场，现场感受了巴西足球豪门的魅力。星光大道以及俱乐部荣誉室陈列的历史照片和数不清的奖杯，让学员们重温圣保罗足球俱乐部的辉煌与荣耀，体会巴西足球的底蕴和传承。全部课程结束后，2018 年深圳市足球专业人才海外培训 33 人团队，于 12 月 12 日安全返回深圳。学员们都表示，非常珍惜这次难得的学习机会，回到工作岗位后，会把在巴西的所见所学运用到教学实践当中，争取为深圳培养更多的足球后备人才，为全面提升深圳足球整体水平贡献自己的力量。

二、“深圣海外杯”足球对抗赛

应巴西圣保罗伯拉史利斯青年队足球俱乐部邀请，深圳市 U17、U16 青少年男子足球队共 36 名球员、教练，在深圳市足协青训总监孙真的率领下，于 2018 年 11 月 29 日晚飞抵圣保罗，参加“深圣海外杯”青少年国际足球对抗赛，并接受巴西青训教练的指导。

巴西拥有现代足球先进的理念和领先的技术，负责本次深圳梯队比赛和训练的是总教练安托尼奥·卡洛斯·席尔瓦率领的教练三人组。席尔瓦曾任职圣保罗俱乐部青训教练 20 多年，做过圣保罗、葡萄牙人俱乐部的技术总监，发现并培养了卡福、卡卡、保利尼奥、卡塞米罗等众多球星。1997 年，席尔瓦出任赴巴西求学的上海申花 U14、U13 队主教练，2000 年他还率领这支申花青年队征战巴西各地区的杯赛，队员中就包括效力过深圳佳兆业队的门将周亚君。此次深圣海外杯对抗赛，深圳 U17 和 U16 的对手是伊杜、葡萄牙人、圣本托、莫拉雷斯 4 家俱乐部的同龄梯队，这些球队在有 80 多家俱乐部参加的圣保罗青年联赛、金杯联赛等重要赛事中，多有出色表现。

12 月 3 日对阵伊杜。伊杜一线队属于巴西第三级别、圣保罗州第二级别联赛球队；梯队是 2018 圣保罗青年联赛 U17 前 10 名、U16 前 20 名的球队。这两支青年队的球员特点是身材高大，小范围配合默契，速度快，逼抢积极。深圳两支梯队与对方实力有差距，再加上旅途疲劳和时差等客观原因，在场上表现得有些拘谨、不够自信，比赛局面被对手掌控。最终深圳 U17 和 U16 队分别以 0∶3、1∶3 输掉比赛。深圳队的唯一进球通过转移、直塞由王海昇打进，这是深圳梯队在深圣杯赛上攻入的第一球。

12 月 5 日对阵葡萄牙人。葡萄牙人竞技俱乐部成立于 1920 年，曾是巴甲老牌劲旅。由于经营不善，葡萄牙人一线队降入巴西三级联赛，但该队在圣保罗州依然是一级联赛球队。葡萄牙人梯队参加圣保罗州青年联赛，U16 队曾是 2017 联赛的前 10 名，但 2018 赛季成绩下滑，第二轮即被淘汰。比赛开始后深圳 U16 队表现积极，上半场是控球更多的一方，在曾广明、王海昇头顶、脚踢两次攻门击中葡萄牙人队门楣之后，吴伟民右路底线小角度射门将球打入远角，深圳队 1∶0 领先。葡萄牙人队下半场派上高大中锋，对体能下降的深圳队展开前场紧逼，开场不久就将比分扳成 1∶1。此后深圳 U16 队顶住压力，利用角球机会，由赖家琛补射得分再次领先 2∶1。比赛快结束时葡萄牙人攻入一球，最终双方 2∶2 握手言和。深圳 U17 队则在先失一球的情况下，由李镇涛将比分定格在 1∶1。

12 月 7 日对阵圣本托。圣本托一线队是巴西乙级联赛中游球队，也是本次对抗赛水平最高的俱乐部，其 U17 梯队在 2018 赛季圣保罗州金杯赛中名列第四，球员在个人能力、对抗和整体等各方面都远在深圳队之上，比赛最终呈一边倒局面，深圳 U17 队 1∶7 负于对手，朱旭上半场打进唯一入球。赛后深圳市足协青训总监孙真表示，这场比赛让队员真正尝到了巴西足球的味道。深圳 U16 队则以 2∶1 战胜了圣本托 U15 梯队。

12 月 9 日对阵莫雷拉斯体育俱乐部。莫雷拉斯体育俱乐部是一家专门培养年轻球员的青训俱乐部，梯队参加巴西各级杯赛。效力于皇马的巴西国脚卡塞米罗、广州恒大外援高拉特、浙江毅腾外援塞尔吉奥·莫塔，都是从这家小俱乐部起步的。最终，深圳 U17/U16 联队在与对手 U16/U15 联队的交锋中 2∶1 获胜，赖家琛和祁柯棪是深圳队的进球功臣；深圳 U17/U16 联队与莫雷拉斯体育 U17/U16 联队战成 0∶0。巴方总教练席尔瓦表示，12 月 9 日最后一个比赛日，是深圳球员迄今踢得最好的两场比赛。与此前 3 场比赛相比，队员在同等时间内传球次数增加，传球失误减少，整场比赛跑动积极，阵型保持得很好，攻防转换节奏掌握得也很不错。席尔瓦指出，这批深圳小球员有三个优势：一是态度，二是速度，三是自始至终的坚持。他们需要的是个人技术、能力的培养和足球意识的提升。如果能在巴西训练，相信3个月后他们会有长足的进步。对于如何提升17岁以下球员能力，巴西有足够多的经验和成功的案例。

两支深圳青少年梯队赴巴西参赛时间虽然很短，但通过比赛已经可以看到球队整体水平的提升。队员们开阔了视野，对巴西足球先进的理念和技术有了切身的体会和直观的了解，这对他们今后的训练和比赛都有着非常积极的引导作用，达到了本次出访巴西参加“深圣海外杯”青少年国际足球对抗赛的目的。深圳青少年梯队此次赴巴西参赛和接受培训，体现了深圳市政府和深圳市文体局对深圳市青少年足球后备人才的培养高度重视，是贯彻落实国务院《中国足球改革发展总体方案》和《深圳市足球振兴行动计划(2016—2020年)》的重要举措，是坚持走出去引进来，到足球强国学习，全面提升深圳青少年足球水平的有益尝试。

第十一节　全国校园足球“满天星”训练营经验交流

2018年8月8日，教育部发布《关于公示2018年全国青少年校园足球特色学校、试点县（区）和“满天星”训练营遴选结果名单的通知》，深圳市宝安区教育局入选“全国青少年校园足球‘满天星’训练营”，成为全国首批47个“满天星”训练营之一，也是广东省第一个全国“满天星”训练营。

“满天星”是一个富有诗意和想象力的名字，定名“满天星”的寓意是全国2 000多万参加校园足球运动的学生“聚起来是富有希望的‘一团火’，散去后是启示未来的‘满天星’”，预示着中国青少年校园足球踏实融入学校体育改革和美好光明的未来。“满天星”训练营是全国青少年校园足球工作“特色学校＋高校高水平足球运动队＋试点县（区）＋改革试验区＋‘满天星’训练营”五位一体普及推进格局的“重要一环”，肩负着提高校园足球普及质量和竞技水平的重要任务，是全国校足办着力打造的校园足球重大品牌项目。“满天星”训练营建设工作贯彻“教学是基础，竞赛是关键，体制机制是保障，育人是根本”的校园足球发展思路，着力完善校园足球课余训练和竞赛体系，推动校园足球普及与提高并重。全国“满天星”训练营主要从已认定命名的全国青少年校园足球改革试验区和全国青少年校园足球试点县（区）中遴选产生，深圳市2017年被认定并命名为“全国青少年校园足球改革试验区”，极大地助推了宝安区成为全国首批、广东省第一个全国“满天星”训练营。

为深化教体融合，加快推进中国特色青少年校园足球训练竞赛体系和足球后备人才培养体系建设，全面了解“满天星”训练营的建设情况，展示“满天星”训练营建设的阶段性成果，由全国校园足办主办，广东省教育厅、深圳市教育局和宝安区教育局共同承办的“2019年全国青少年校园足球‘满天星’训练营经验交流活动”于2019年8月27日至28日在深圳市宝安区举行。全国校足办主要负责领导，全国校足办成员单位，以及国家发展和改革委员会、国家广电总局、国家体育总局和中国足协等单位有关领导，全国校足办专家委员会有关专家，全国47个“满天星”训练营主要负责领导，广东省校足办及深圳市全国青少年校园足球特色学校等单位主要负责同志近300人参加了为期两天的经验交流活动。

8月27日上午，2019年全国青少年校园足球“满天星”训练营经验交流活动在宝安沙井中学拉开帷幕。全国校足办李先雄老师主持开幕式。宝安区委教育工委书记、区教育局党组书记、局长范燕塔致欢迎辞。他表示全国校足办把本次经验交流活动放在宝安，不仅是对宝安校园足球发展的肯定，更是激励。宝安区已围绕“满天星”打造了包括联赛、培训、选拔和国际交流等完整的发展体系，未来将积极努力打造更加科学、更加务实、更加高效的“满天星”训练营模式，培养更多足球人才，为中国足球事业的发展贡献宝安力量。宝安区教育科学研究院彭茂发院长向与会代表作了题为《把握机遇协同创新，全面构建更富活力的宝安足球教育新格局》的经验分享，从“抓管理、抓教学、抓训练、抓赛制、抓融合”五措并举的角度，全面呈现宝安教育系统在校园足球工作中的探索创新和突出成绩。随后，来自大连金普区、新疆喀什、成都金牛区、郑州金水区、江苏南通市、邯郸曲周县的“满天星”训练营代表展示了各自训练营的建设情况，分享了经验与遇到的问题，并现场同与会代表对共同关心的教练员培训、升学通道、经费保障、教体融合和球员注册等问题进行了热烈的讨论。全国校足办主任听取了“满天星”训练营的建设情况汇报后，作了2019年全国青少年校园足球“满天星”专题报告。他表示：在过去的五年里，全国校园足球工作在推广普及、师资培训和条件保障等方面取得了突出的成绩，通过校园足球活动的开展实现了习近平总书记提出的享受乐趣、增强体质、健全人格、锤炼意志的学校体育“四位一体”目标。现在校园足球在总结经验和吸收欧洲先进青训理念的基础上，在国民教育体系中开辟了一条高水平足球竞技后备人才的发展道路，逐步建设具有中国特色的足球青训体系，在继续推进校园足球普及的同时逐步提升竞技水平。通过“满天星”训练营来带动全国青少年校园足球特色学校建设，把普及工作做得越扎实，中国足球就越有希望。未来校园足球将坚持“教学是基础，竞赛是关键，体制机制是保障，育人是根本”的发展思路，重点做好三个方面的工作。一是“满天星”训练营要促进青少年校园足球特色学校建设，坚持每周两练一赛的模式，确保校园足球“教学、训练、竞赛”体系的完整性。选派高水平外教重点培训学校的教练队伍，通过建立优秀的教练队伍提升校园足球发展水平。二是“满天星”训练营要以开放包容的心态，加大与足球协会、俱乐部和社会机构的合作，形成良性的合作机制，实现多赢的局面。在这个过程中要充分发挥政府主导、学校主体、社会资源广泛参与的发展机制。三是建立有效的条件保障体系。不仅是完善场地和师资等方面的保障，还要建立能够调动校长、老师、家长和学生积极性的激励机制，通过有效的激励逐渐激发校园足球发展的内在动力。只要能够坚守在国民教育体系内发展校园足球，中国足球的未来就值得期待。他希望与会的全国 47 个“满天星”训练营代表认真学习本次交流活动的经验，并向所在地政府和教育部门汇报，进一步谋划“满天星”训练营建设工作。

分享座谈会后，与会代表参观了深圳宝安全国青少年校园足球“满天星”大本营沙井中学、壆岗小学和壆岗足球基地，现场参与体验校园足球训练课程。深圳宝安全国青少年校园足球“满天星”大本营沙井中学创建于 1956 年，是深圳市四所历史最悠久的完全中学之一。2008 年 10 月，该校被评为广东省国家级示范性普通高中。作为宝安区和深圳市一所特色鲜明的学校，学校足球特色显著：2009 年深圳市高中足球赛“最佳射手”洪奕强同学以优异成绩考入北京航空航天大学；2011 年校队夺得广东省少年男子足球甲组冠军赛冠军；2013 年学校被评为广东省传统足球学校；同年，校队在全国青少年校园足球冠军杯赛广州赛区分区赛中，以六战全胜夺冠，代表中南地区赴北京参加总决赛，取得第六名；2015 年获“深圳市高水平运动项目（足球）学校”称号；2016 年代表广东省参加全国首届中国高中男子校园足球联赛（东南赛区）获高中组第三名，挺进全国总决赛。垦岗小学创建于1927年，原址为垦岗大宗祠，旧时称作垦岗学堂，1950年正式更名为垦岗小学，1990年搬迁至现址。学校占地面积26 042平方米，现有建筑面积10 546平方米（扩建工程投入使用后建筑面积将达16 355平方米）。学校现有教学班42个，学生2 204人，教职工121人。1992年，垦岗小学就已经把足球运动定为社区素质教育项目，被评为全国青少年校园足球特色学校、广东省足球传统项目学校和深圳市校园足球试点学校。

交流活动中，全国校足办积极贯彻习近平总书记2019年8月21日在甘肃调研时提出的“让偏远地区的小朋友也经常踢足球，足球运动就有了广泛群众基础，中国足球就一定能够冲出亚洲、走向世界”的重要指示精神，依托“满天星”训练营的资源优势开展“星光计划”校园足球帮扶活动，带动贫困偏远地区的校园足球发展。本次活动促成了宝安区教育局、贵州省凯里市教育局、棕榈体育和广东红旗体育等四方签约“校园足球‘星光计划’帮扶项目”，也使深圳宝安沙井中学和贵州凯里一中，宝安荣根学校和贵州龙山中学，宝安垦岗小学和贵州景阳小学六校互相结对，以足球推动教育帮扶、带动区域协同发展。

第十二节　参加“达能少年世界杯”足球赛

“达能少年世界杯”起源于2000年，2003年进入中国。素有“小世界杯”之称的“达能少年世界杯”足球赛是世界上唯一得到国际足球联盟（FIFA）批准认可，面向全球11至12岁少年儿童的国际足球赛事，目前已覆盖全球超过40个国家。这项比赛为国内非专业足球学校的孩子们打开了与国际少年足球交流学习的一扇窗口，通过与世界少年足球教育接轨，不仅能促进发展模式的提升，更可以使球员在学校阶段就有广阔的视野和远大的目标。深圳市盐田区田东小学分别于2003年、2004年和2006年先后三次获得“达能少年世界杯”中国赛区冠军。2003年，该校因为“非典”未能参加世界比赛；2004年前往荷兰参加世界比赛；2006年代表中国前往法国参加世界比赛，获得“达能少年世界杯”第八名。

2015年7月5日，“达能少年世界杯”中国赛区总决赛在广州举行，深圳市福田区园岭小学足球队小将们历时三个月，经过区级、市级选拔赛，获得深圳市冠军，代表深圳参加在广州举行的中国区总决赛，最终从全国180支足球队伍中过关斩将，一举进入“达能少年世界杯”中国区冠军决赛。队员们雨中奋战，在先失一球的情况下追平比分，进入点球大战后最终以3∶2的成绩获得总冠军。队员刘倬权、周榆还获得“明日之星”称号。园岭小学足球队也于2015年10月代表中国到摩洛哥参加“达能少年世界杯”总决赛。7月6日下午，深圳市教育局副局长范坤带领深圳市教育局德体卫艺处和福田区教育局的负责同志，代表深圳市教育局以及在北京开会的郭雨蓉局长到园岭小学慰问足球队少年健儿和教练员，并转达了许勤市长的祝贺。范坤副局长在慰问仪式上说：“发展校园足球，是学校体育工作的突破口，是培养优秀人才的重要举措。”“足球运动普及性广、关注度高、影响力大，是世界公认的第一大运动。体育强国，离不开足球强国，中国梦与教育梦、体育梦紧密相联。加快发展青少年校园足球，是全面贯彻党的教育方针，促进青少年学生身心健康的重要举措，是提高国家足球发展水平的基础工程。我们提高思想认识，加大工作力度，将继续积极地推进校园足球的发展，把校园足球作为学校的体育发展和综合改革的重要突破口。”范坤副局长表示，校园足球是足球运动的人才之渠、活力之源。深圳市发展校园足球，将立足于从基层抓起，从校园抓起，更加突出和充分发挥校园足球在足球运动中的基础性作用，夯实人才培养的根基。我们要把足球运动纳入阳光体育运动，兴起全市百万学生参加校园足球的热潮，通过各种形式，多渠道引导学生体验足球运动，培养足球兴趣爱好，吸引广大学生继续学、练足球。在仪式的最后，范坤副局长向园岭小学的足球队成员献花，并鼓励他们再接再厉，在10月的摩洛哥世界总决赛中取得好成绩，为深圳学子争光，为国家足球争光，为国家添彩。园岭小学足球队非常重视和珍惜这次难得的比赛机会，因为他们不仅代表学校，更代表深圳乃至中国小球员的技术水平、精神风貌。为此，校队紧锣密鼓积极做好备战训练工作，25名小将由刘晋老师带队，于暑假期间开始为期半个月的封闭集训，中国五人足球国家队前主教练安德烈也前往指导。集训结束后，25名小将信心满满，出征摩洛哥。

2015年10月18日，深圳市福田区园岭小学足球队代表中国参加“达能少年世界杯”壮行会在园岭小学足球场隆重举行。深圳市教育局副局长范坤、深圳市教育局德体卫艺处处长钟子荣、深圳市足球管理中心主任李少辉、福田区政府副区长黄漫娥、福田区政协副主席张学凡、福田区教育局局长田洪明以及福田区委宣传部（区文体局）、统战部、教育局、文体中心、园岭街道办和福田足协等单位相关领导出席活动。上百名足球爱好少年在家长和教练的带领下，前来为园岭小学足球队征战“达能少年世界杯”壮行、助威，并与园岭小学足球队员们一起分享足球运动带来的激情和快乐。壮行会现场各级领导做了激情洋溢、振奋人心的讲话。相信小将们必将赛出水平、赛出风格、赛出友谊，赛出中国人的精气神，在“达能少年世界杯”决赛场上努力拼搏，争创佳绩，载誉而归。深圳市教育局副局长范坤对园岭小学足球队征战摩洛哥“达能少年世界杯”总决赛寄予厚望，并表示将在祖国等候他们的佳音。

2015 年 10 月 27 日，由 32 个国家代表队参加的摩洛哥“达能少年世界杯”足球赛落下帷幕。经过 3 天的激战，代表中国出征的园岭小学足球队在最后阶段力克匈牙利和韩国代表队，获得本届大赛的第 20 名，这是“达能少年世界杯”大赛开办 15 年以来中国代表队第三次进入前 20 名。园岭小学足球队队员在赛场上顽强拼搏、高度尊重比赛规则、团结友好的国际精神征服了大赛组委会，以第一名的综合评分获得本次大赛唯一的“公平竞赛奖”。10 月 28 日下午 6 点，园岭小学足球队乘机飞抵广州白云机场，校长梅仕华受上级领导委托，率领部分教师代表、家长代表以及学校足球队梯队队员等到白云机场迎接他们凯旋。

第十三节　参加全国“学校体育这 10 年”线上交流活动

2022 年 7 月 22 日，为深入宣传党的十八大以来我国学校体育改革与发展取得的巨大成就，在教育部体育卫生与艺术教育司指导下，全国中小学和高校体育教学指导委员会、全国中小学和高校健康教育教学指导委员会联合举行了“学校体育这 10 年”线上交流活动。教育部体育卫生与艺术教育司有关领导、省级教育行政部门代表、优秀体育教研员代表、优秀中小学校长代表、优秀体育教师代表，以及全国中小学和高校体育教学指导委员会委员代表、全国中小学和高校健康教育教学指导委员会委员代表等 400 余人参加了交流活动，总结回顾十年来我国学校体育取得的显著成效与主要经验，为学校体育未来发展建言献策。

会上，教育部体育卫生与艺术教育司领导指出，党的十八大以来，在党中央、国务院的坚强领导下，教育部积极贯彻习近平总书记关于教育、体育的重要论述和全国教育大会精神，把学校体育工作摆在更加突出的位置，着力构建德智体美劳全面培养的教育体系，取得了显著成效。回望十年来的学校体育工作成效，在价值理念、发展面貌、实践方式等方面发生了重要的结构性变化。下一步，教育部将继续推动学校体育改革发展，着力构建全员参与的体育竞赛体系，调动社会多元主体参与，使学校体育真正成为德智体美劳全面培养的教育体系的重要组成部分，促进学生的健康成长与全面发展。上海市教育委员会副主任毛丽娟、云南省教育厅副厅长赵德荣、陕西省教育厅二级巡视员关荷、江苏省教育厅体育卫生与艺术教育处处长张鲤鲤作为省级教育行政部门代表分享了所在省、市学校体育十年来的改革举措与发展成效。北京体育大学杨桦教授、华东师范大学季浏教授、北京师范大学毛振明教授、扬州大学潘绍伟教授、华东师范大学汪晓赞教授等先后从学科专家角度解读了我国学校体育改革发展十年来的显著成效、主要经验及发展建议。

深圳市体育教研员黄镇敏作为教研员代表重点介绍了深圳以校园足球为抓手推进学校体育教学改革、强化体育师资队伍建设、构建教科研一体化的主要举措。十年来，深圳学校体育瞄准学生体育锻炼时间不足、课堂教学和课外活动质量低下、学生上了十几年体育课不会运动、多数学生从未参加过体育竞赛等学校体育长期存在的重点、难点、痛点问题，采取有效措施，强化体育课与课外锻炼，努力提高体育课堂教学质量，积极开展全员参与的各项目班级联赛、单项技能比赛等普及性竞赛活动，使所有学生都有机会参与体育比赛，强化了学生校内外体育锻炼，有效提升了学生的体育兴趣和体育素养，使越来越多的学生能够掌握 1 至 2 项运动技能。最后，黄镇敏老师还对学校体育未来的发展提出了两点建议：一是坚持问题导向，抓好课堂教学和课外活动等常规工作，促进新时代学校体育的发展；二是强烈呼吁“基础教育阶段学校每天开设一节体育课”，这一“四两拨千斤”的举措将推动师资、场地、经费等软硬件条件的改善，具有里程碑意义。学校体育任重而道远，要牢记初心使命，砥砺前行，为实现中华民族伟大复兴贡献体育的力量！

附 录

深圳校园足球这十年大事记

1. 2014 年 12 月 2 日，深圳市教育局印发《深圳市中小学体育发展三年行动计划（2015—2017 年）》，明确提出：制定并实施校园足球中长期发展规划，扩大校园足球定点学校的规模。举办校园足球、篮球、排球班级联赛及各类单项比赛，形成“人人有爱好、班班有项目、校校有特色”的学校体育格局；加强校园足球等重点项目的技能教学，大力发展校园足球，积极开设足球校本课程，满足学生参与锻炼的选择和需求，注重运动兴趣和技能培养，使足球成为学生终生受益的体育锻炼项目。

2. 2015 年 1 月 19 日，罗湖区翠园中学高二学生段刘愚加盟山东鲁能足球俱乐部，成为中国第一个从学校到国少再加盟中超豪门的“体制外球员”，100 万元的转会费也创下了国内同类型球员的新纪录。

3. 2015 年 1 月 22 日，全国青少年男子 U15 足球锦标赛在广西北海落下帷幕。以深圳实验学校初中足球队为班底的深圳少年足球队与来自全国的 36 支球队展开激烈角逐，最终以 8 战 8 胜进 43 球失 2 球的压倒性优势夺得比赛的冠军，取得了深圳青少年足球参加全国锦标赛的历史性突破，创造深圳青少年足球在全国的最好成绩。深圳市教育局给学校送去贺信，时任深圳市教育局郭雨蓉局长亲自到学校看望慰问获得冠军的孩子们和教练，勉励孩子们球业、学业双进步，德、智、体全面发展。

4. 2015 年 1 月 27 日，深圳市教育局转发《广东省教育厅转发教育部办公厅关于做好全国青少年校园足球特色学校及试点县（区）遴选工作的通知》，开始启动全国青少年校园足球特色学校及试点县（区）遴选和建设工作。深圳实验学校等 17 所中小学校被评为第一批全国青少年校园足球特色学校。截至 2024 年 7 月，深圳市共有 194 所中小学校被评为“全国青少年校园足球特色学校”。

5. 2015 年 3 月 2 日，深圳市教育局印发《深圳市教育局关于开展校园体育一小时“飞行检查”的工作方案》，组织开展中小学“校园体育一小时”飞行检查，重点检查中小学校“校园体育一小时”开展情况，具体检查内容包括：学校是否开足开齐体育课，是否存在削减、挤占体育课现象；班级没有体育课的当天，学校是否安排一节排入课表的体育活动课或组织学生进行 40 ～45 分钟集体锻炼；学校每天是否安排大课间体育活动；学校是否将学生“校园体育一小时”的时间和内容纳入教学计划，列入学校课表和作息时间表，活动内容、时间、场地、器材等是否都有具体安排。实施“飞行检查”，强化了校园足球活动时间等保障体系。

6. 2015 年 4 月 8 日至 11 日，由教育部全国青少年校园足球工作领导小组办公室主办的首期全国青少年校园足球行政管理人员和校长培训班在大连市金州新区举行。深圳市教育局德体卫艺处钟子荣处长、黄镇敏老师和深圳实验学校初中部冯景华校长、福田区梅山中学王云虎校长参加了培训，由此基本形成了深圳校园足球以“普及和育人”为基本理念的发展思路。

7. 2015 年 4 月 25—26 日，广东省少年足球赛深圳城市决赛在深圳市盐田区外国语学校举行。

8. 2015 年 7 月 5 日，深圳市福田区园岭小学足球队在广州喜获“达能少年世界杯”中国赛区总冠军，队员刘倬权、周榆获得“明日之星”称号。7 月 6 日下午，深圳市教育局副局长范坤到园岭小学慰问足球队少年健儿和教练员，并转达了许勤市长的祝贺。

9. 2015 年 7 月 10 日，深圳市教育局向市政府报送《关于成立深圳市青少年校园足球工作领导小组的请示》，建议成立以吴以环副市长为组长的深圳市青少年校园足球工作领导小组，并附《深圳市青少年校园足球工作领导小组工作职责及议事规则》。

10. 2015 年 7 月 26 日，由教育部全国青少年校园足球工作领导小组办公室和中国中学生体育协会主办的“2015 年中国高中男子校园足球联赛总决赛”在山东省淄博市举行，全国 12 个省、市、自治区的 16 支队伍参赛，深圳翠园中学足球队在决赛中以 2∶0 战胜北京人大附中队，夺得首届中国高中男子校园足球联赛全国总冠军。返回深圳后，深圳翠园中学足球队得到深圳市长许勤、副市长吴以环和教育局郭雨蓉局长的亲切接见。

11. 2015 年 9 月 11 日，深圳市教育局召开校园足球外籍教师支持项目工作会议。对拟聘外籍教师的学校介绍校园足球外籍教师支持项目的基本情况和外教管理、手续办理等事宜，为外籍教师来深圳开展校园足球教育教学和相关活动做好前期准备工作。

12. 2015 年 10 月 27 日，由 32 个国家代表队参加的摩洛哥“达能少年世界杯”足球赛落下帷幕。经过 3 天的激战，代表中国出征的园岭小学足球队在最后阶段力克匈牙利和韩国代表队，获得本届大赛的第 20 名。园岭小学足球队队员在赛场上顽强拼搏、高度尊重比赛规则、团结友好的国际精神征服了大赛组委会，以第一名的综合评分获得本次大赛唯一的“公平竞赛奖”。

13. 2015 年 12 月 7 日，深圳市教育局印发《关于开展 2015—2016 年度全国校园阳光体育足球班级联赛的通知》，鼓励全市中小学校认真组织开展校园足球班级联赛，要求全国校园足球特色学校和拟申报市级校园足球特色学校的单位必须积极组织班级联赛并参与活动。

14. 2016 年 4 月 6 日，深圳市教育局召开校园足球外籍教师工作座谈会。此前，深圳市作为广东省唯一的教育部校园足球外籍教师试点城市，由教育部引入了 5 名外籍教师，免费分配到深圳中学、深圳实验学校、文华学校、深圳市布心小学、园岭小学执教一年，负责学校的校园足球课堂教学、训练和课外活动，并承担深圳市校园足球的推广、足球师资培训等工作。执教期间，每位外籍教师还要巡回指导 10 所以上中小学开展足球活动。这 5 位外籍教师分别来自英国、荷兰、塞尔维亚等足球发达国家，大都是前国家队或顶尖高水平俱乐部成员，其中 1 位是塞尔维亚青年女子国家队教练。

15. 2016 年 4 月 20 日，深圳体育健康频道电视直播“2016 深圳校园足球联赛”初中组决赛及颁奖仪式。这是深圳青少年校园足球联赛史上首次进行电视转播，也是全国首例对初中生足球比赛进行直播。决赛中，深圳中学 2∶1 击败深圳实验学校，捧起了冠军奖杯。

16. 2016 年 4 月 28 日，深圳市教育局印发《深圳市教育局关于做好 2016 年深圳市校园足球特色学校遴选工作的通知》，在全国率先组织开展地市级校园足球特色学校遴选工作，并鼓励各区教育行政部门依据全国校园足球特色学校基本标准，开展本区校园足球特色学校建设工作，形成建设梯队。

17. 2016 年 5 月 28—29 日、6 月 4—5 日，“2016 年全国校园阳光体育足球班级联赛城市赛（深圳站）”在深圳湾体育中心足球场举行，有 55 所小学、15 所初中、7 所高中学校班级联赛的冠军队伍参加深圳站总决赛。

18. 2016 年 7 月 6 日，2016 年深圳市校园足球特色学校管理干部、教练员培训班在文华学校举行，深圳市全国校园足球特色学校和市级校园足球特色学校管理干部和教练员共 200 余人参加了培训。培训班上，教育部委派到深圳的外籍教师分别进行了足球教学课和足球训练课展示。

19. 2016 年 7 月 21—28 日，2015—2016 年中国高中男子校园足球联赛总决赛在翠园中学举行，翠园中学足球队获得亚军。该赛事首次在深圳举办，是深圳市举办的规模最大、级别最高的中学生校园足球赛事。

20. 2016 年 9 月 29 日，深圳市人民政府办公厅印发《深圳市足球振兴行动计划（2016—2020 年）》，要求：加快青少年足球普及与推广。广泛开展校园足球活动，科学把握校园足球定位，提高青少年校园足球普及水平，将校园足球作为体育课堂教学和“校园体育一小时”的重要内容，引导学生积极参加课外足球活动。学校根据实际情况开设足球课程，积极开展以班级为参赛单位的校内联赛及其他校园足球活动。有条件的学校要组建学生足球俱乐部、足球社团，建立班级、年级和校级足球队，鼓励组建校园女子足球队。建立健全校园足球教学体系，深化体育教学改革，不断提高体育课堂教学质量，培养学生足球运动的兴趣和技能，使足球成为学生终生受益的体育锻炼项目。加快市级校园足球特色学校建设，到 2020 年支持建设 300 所市级校园足球特色学校。

21. 2016 年 10 月 10 日，深圳市投资控股有限公司校园足球座谈会在投资大厦举行，深圳市教育局德体卫艺处黄镇敏老师、罗湖区翠园中学韩冬青校长、福田区梅园小学周绍贞校长、南山外国语学校（集团）邓展望主任参加会议。深圳市投资控股有限公司介绍与拜仁慕尼黑俱乐部合作项目情况，并征询在深圳创办足球学校的意见。大家一致认为不宜创办足球学校，因为足球学校只是变相的体校，学生离开普通校园和家庭集中训练，不利于健康成长。根据恒大足校和鲁能足校近年来的发展情况来看，足球学校基本没有吸引力，很难招收到全国范围内的优秀特长生。

22. 2016 年 10 月 28 日，广东省教育厅体卫艺处许顺兴处长、李华科长和省体育教研员庄弼教授带领省青少年校园足球专家调研组到深圳调研校园足球开展情况。调研组听取了宝安区新安中学、南山外国语学校（集团）、福田区梅园小学、深圳中学和罗湖区翠园中学的工作汇报，对深圳市的校园足球工作给予了充分肯定，并就进一步创新举措，促进校园足球向更高水平推进给予了指导，决定推荐深圳市代表广东省申报全国青少年校园足球改革试验区。

23. 2016 年 12 月 4 日，由中国足球协会主办的 2016“我爱足球”中国足球民间争霸赛在海南省海口市落下帷幕，深圳中学初中部足球小将勇夺 5 人制青少年组总冠军。“我爱足球”中国足球民间争霸赛是中国足球协会主办的参赛队伍最多、影响力最大的全国草根足球赛事。

24. 2016 年 12 月 5 日，由中国教育科学研究院主办的“2016 年中国教育科学研究院教育综合改革实验区全国青少年校园足球联赛”在宁波市北仑区闭幕。南山区育才一小和育才二中足球队过关斩将，分获小学组、初中组冠军。

25. 2016 年 12 月 6 日，在 2016 年广东省“省长杯”青少年足球联赛冠亚军决战中，深圳实验学校高中足球队以 3∶0 的比分战胜梅州高级中学足球队，为深圳首次赢得“省长杯”校园足球冠军。

26. 2017 年 2 月 8 日，深圳市教育局向深圳市政府提交《关于以市政府名义申报全国青少年校园足球改革试验区的请示》。

27. 2017 年 2 月 25 日，深圳市人民政府同意市教育局《关于以市政府名义申报全国青少年校园足球改革试验区的请示》，并向省教育厅提交《深圳市人民政府关于支持向全国青少年校园足球工作领导小组提请在深圳市设立全国青少年校园足球改革试验区的函》。

28. 2017 年 3 月 5 日，深圳市校园足球特色学校管理干部、教练员培训班在福田区园岭小学举行。中国教育科学研究院体育卫生艺术教育研究所所长、全国青少年校园足球师资国家级培训项目总负责人吴键举办专题讲座。

29. 2017 年 6 月 10—18 日，由深圳市教育局主办的“2017 年深圳市中小学生校园足球班级联赛”在深圳湾体育中心举行。共有来自 10 个行政区和市教育局直属学校的 77 支班级足球队 700 多名运动员参加了这次市级比赛。

30. 2017 年 7 月 5 日，广东省青少年校园足球试点县（区）工作现场交流活动在广州市海珠区举行，福田区体育教研员李晓东老师代表福田区教育局介绍试点县（区）工作经验。

31. 2017 年 7 月 10 日，深圳电视台首档校园足球专题栏目《非凡足球》上线，深圳校园足球有了自己的电视专题栏目。

32. 2017 年 8 月 19 日，2017 年全国校园阳光体育足球班级联赛发展研讨会在浙江金华召开。深圳市教育局作为地市教育行政部门代表，南山外国语学校（集团）作为学校代表，分别在研讨会上介绍经验，得到全国同行的一致认可。南山外国语学校（集团）获“全国足球班级联赛示范学校”称号。

33. 2017年9月25日，教育部致深圳市人民政府《关于同意设立全国青少年校园足球改革试验区的函》，同意深圳市等8省、市作为全国青少年校园足球改革试验区开展校园足球改革试验工作。要求改革试验区遵循教育规律、足球运动规律和足球人才成长规律，积极组织、实施青少年校园足球教学、训练、竞赛、课外活动和师资培养培训等方面的系统研究和工作推进，大力提高校园足球工作科学化水平，并及时将改革进展情况报全国青少年校园足球工作领导小组办公室。深圳市成为广东省唯一的全国青少年校园足球改革试验区。

34. 2017年10月18日，广东省教育厅副巡视员陈健带队到罗湖区翠园中学调研校园足球和学校体育工作。

35. 2017年11月12日，全国青少年校园足球城际研讨会在广州召开，深圳市体育教研员黄镇敏老师参加论坛并介绍深圳校园足球推广经验。

36. 2017年11月17日，中国足球名宿辅导团（深圳站）教练员交流会在深圳迎宾馆举行。王俊生、容志行、马元安、高洪波等20多位足坛名宿与各中小学足球教师面对面交流。

37. 2017年11月27日，教育部青少年校园足球专项调研专家组到深圳调研全国青少年校园足球改革试验区深圳市校园足球发展情况，深圳校园足球普及育人的工作经验得到专家组的高度认可，并将深圳方案报教育部在全国推广。

38. 2017年12月22日，深圳市教育局致市政府《关于提请市领导参加全国青少年校园足球工作领导小组第三次会议并签署全国青少年校园足球改革试验区备忘录的请示》。

39. 2017年12月27日，全国青少年校园足球工作领导小组第三次会议在教育部召开。教育部陈宝生部长出席会议并讲话。会议对做好2018年校园足球工作进行了部署，要求进一步完善校园足球工作总体设计，健全校园足球工作体制机制，巩固好特色学校建设和教学、培训、竞赛三大体系建设，加强多部门合作联动，研究制定政策体系、激励机制，培育足球文化。会上，教育部与深圳市、上海市、云南省、内蒙古自治区、厦门市、青岛市、郑州市、武汉市、成都市、兰州市、吉林延边朝鲜族自治州、滨州市共

12个全国青少年校园足球改革试验区签署了改革发展备忘录。深圳市人民政府高自民副市长代表深圳市参加会议并与教育部签署了备忘录。

40. 2018年1月5日，《中国教育报》专栏文章《2017，学校体育走了多远》开篇介绍深圳校园足球改革发展情况。

41. 2018年1月29日至2月8日，中国中学生足球协会杯初中组比赛在罗湖区翠园中学举行。

42. 2018年5月1日，教育部主管的《校园足球》杂志报道深圳青少年校园足球改革试验成果。

43. 2018年5月28—29日，深圳市青少年校园足球改革试验（福田）现场展示会在福田区园岭小学、华富小学和下沙小学举行。中国教育科学研究院体育卫生艺术教育研究所所长吴键、中国著名足球评论员张路等领导和嘉宾参加活动，并被聘为深圳市青少年校园足球改革试验专家委员会专家委员。5月29日，张路老师到文华学校观摩学校的校园足球班级联赛，并担任视频直播的解说嘉宾。他在观摩了解文华学校的校园足球开展情况后，赞扬道："这就是我心目中真正的校园足球。"

44. 2018年6月6月，深圳市青少年校园足球夏令营最佳阵容选拔活动在文华学校举行。

45. 2018年6月11日至15日，由深圳市教育局主办的"深圳市中小学生校园足球班级联赛"在深圳湾体育中心足球场举行。竞赛项目除5人制比赛外，新增了全班学生参加的颠球、25米绕杆运球等单项技能比赛。

46. 2018年8月8日，教育部发布《关于公示2018年全国青少年校园足球特色学校、试点县（区）和"满天星"训练营遴选结果名单的通知》。深圳市福田区入选"全国青少年校园足球试点县（区）"，深圳市宝安区教育局入选"全国青少年校园足球'满天星'训练营"。宝安区成为广东省第一个全国"满天星"训练营。

47. 2018年10月12日，由教育部、全国青少年校园足球工作领导小组办公室和中国足球协会领导组成的教育部青少年校园足球工作调研组，对深圳市校园足球工作开展情况进行调研。广东省教育厅副巡视员邱克楠、深圳市教育局副巡视员赖群阳等参加了调研。调研组一行先后走进文华学校、深圳实验学校高中部、福田区下沙小学调研，进行实地观察和了解，并在下沙小学与省、市、区教育局、教育科学研究院，相关部门、专家代表和学校代表进行了座谈交流。

48. 2018年11月29日至12月10日，深圳市足球专业人才海外培训团队一行33人，于当地时间11月29日晚飞抵巴西圣保罗，展开为期12天的培训。本次培训是深圳足球体制改革的一项重要举措，深圳市文体局通过政府购买服务，由深圳市足球协会和巴西利高体育有限公司精心组织安排。培训得到了巴西圣保罗足球工会和圣保罗大学体育学院的大力支持。参加本次首期培训的33名学员，都是长期投身青少年足球工作、为深圳足球做出过一定贡献的专业人士，大多是来自全市各中小学校的校园足球教师。

49. 2018年12月22日，改革开放40周年“全国学校体育改革发展与未来展望”座谈会在深圳市福田区举行。教育部体育卫生与艺术教育司许弘处长、中国教育科学研究院体育卫生艺术教育研究所吴键所长和全国学校体育知名专家学者齐聚深圳。深圳市教育局副巡视员赖群阳在会上介绍了深圳校园足球改革发展情况。

50. 2019年1月30日，教育部主办的全国青少年校园足球论坛活动在广东省梅州市举行。深圳作为全国唯一的地级市代表广东省介绍经验，深圳市体育教研员黄镇敏老师作了题为《实施校园足球改革，落实全面育人目标》的主题发言。发言得到教育部领导、全国青少年校园足球专家委员会专家和兄弟省市参会代表的一致好评。

51. 2019年1月31日，全国青少年校园足球工作年度总结活动在广东省梅州市举行。第一届校园足球国家队正式组建，深圳实验学校吴亚伦、涂俊凯，坪山中学彭巧玲、田邦入选。

52. 2019年3月22日，教育部办公厅印发《关于开展足球特色幼儿园试点工作的通知》，为加快推进校园足球普及，夯实校园足球发展根基，决定从2019年起开展足球特色幼儿园试点工作。2019年8月16日，教育部正式公布《2019年全国足球特色幼儿园名单》，认定并命名了3 570所幼儿园为全国足球特色幼儿园。深圳幼儿园、深圳市梅林一村幼儿园、深圳市第五幼儿园、深圳市第八幼儿园、深圳实验幼儿园、深圳市彩田幼儿园、深圳市福田区华强职业技术学校附属幼儿园、深圳市基建幼儿园、深圳银鹰第二幼儿园、深圳市罗湖区教工幼儿园、深圳市南山区机关幼儿园、深圳市南山区桃园第二幼儿园、深圳市南山区科技幼儿园、深圳市盐田区梅沙幼儿园、深圳市宝安区燕川幼儿园、深圳市龙岗区龙岗街道中心幼儿园、深圳市龙岗区坂田街道明道第五幼儿园、深圳市龙华区中英文实验学校幼儿园、深圳市光明区马田翰林幼儿园、深圳市坪山区坪山中心幼儿园共20所幼儿园榜上有名，成为第一批全国足球特色幼儿园。

53. 2019 年 5 月 1 日，广东省第一届青少年校园足球专家委员会成立，深圳大学体育学院赵刚教授和深圳市体育教研员黄镇敏老师被聘为专家委员。

54. 2019 年 6 月 2 日，广东省青少年校园足球夏令营深圳学生代表团选拔活动在宝安区荣根学校举行。

55. 2019 年 6 月 30 日，广东省校园足球夏令营最佳阵容名单出炉，深圳 49 名足球小将榜上有名，创历史新高，居全省第一。

56. 2019 年 7 月 4 日，深圳市校园足球特色幼儿园管理干部、足球教师培训班在深圳市基建幼儿园举行。足球特色幼儿园和积极开展足球活动的幼儿园管理干部及足球教师 150 多人参加了培训。培训中要求足球特色幼儿园切忌用力过猛，一定要以培养幼儿足球兴趣为主，遵循幼儿身心发展特点和教育规律，把握幼儿足球发展规律和特点，让幼儿享受足球乐趣，培养足球兴趣。坚持以游戏为基本活动，珍视幼儿游戏活动的独特价值，合理安排和组织幼儿一日生活，保证幼儿有足够的户外活动时间，促进幼儿在活动中通过亲身体验、直接感知、实践操作进行足球游戏。2019 年 9 月 20 日，全国青少年校园足球工作领导小组办公室印发了《全国幼儿足球活动的负面清单》，提出了幼儿足球“八项禁令”：禁止进行正式足球比赛；禁止进行成人化、专业化、小学化足球训练；禁止幼儿足球考级；禁止进行足球头球练习；禁止足球操等形式化表演；禁止所有负重的力量练习；禁止幼儿只练足球；严格控制运动时长和运动强度。这“八项禁令”跟深圳市校园足球特色幼儿园管理干部、足球教师培训班的要求高度一致。

57. 2019 年 8 月 27—28 日，由全国青少年校园足球工作领导小组办公室主办，广东省教育厅、深圳市教育局和宝安区教育局共同承办的 2019 年全国青少年校园足球“满天星”训练营经验交流活动在宝安区沙井中学成功举行。本届全国经验交流活动旨在深化教体融合，加快推进中国特色青少年校园足球训练竞赛体系和足球后备人才培养体系建设，全面了解“满天星”训练营的建设情况，展示“满天星”训练营建设的阶段性成果。

58. 2019 年 10 月 21 日，教育部发布 2019 年全国青少年校园足球特色学校、全国青少年校园足球试点县（区）和全国青少年校园足球“满天星”训练营名单，新认定并命名全国青少年校园足球特色学校 2 933 所、试点县

（区）25个和“满天星”训练营33个。深圳市罗湖区教育局入选“全国青少年校园足球‘满天星’训练营”，成为深圳市第二个全国“满天星”训练营。

59. 2020年8月25日，2020年深圳市青少年校园足球夏令营选拔活动在罗湖体育休闲公园足球场举行。来自10个区和市属学校的300多名学生参加了8个组别选拔活动，选出了8个组别深圳市11人最佳阵容，并选拔出32名学生代表深圳市参加广东省青少年校园足球夏令营选拔。

60. 2020年12月1日，深圳校园足球骨干教师负责编写的《广东省中小学校园足球教学指导用书（水平一）》，由广东高等教育出版社正式出版。

61. 2021年4月12—15日，2021年深圳市中小学生校园足球班级比赛在罗湖区体育中心足球场举行，赛事设置了5人制比赛和颠球比赛两个大项。

62. 2021年5月5—8日，2019、2020年全国青少年校园足球工作年度总结活动在四川内江举行。育才一小获得2020年全国青少年校园足球优秀足球特色学校奖。此外，该校毕业生郑荣俊入选了初中乙组国家队。

63. 2022年7月1日，深圳福田小学六年级学生练昱彤在地下车库脚下生花，把足球踢出各种高难度动作，一连串小技术令人眼花缭乱的视频曝光，刷爆社交网络，并引发央视新闻报道。早在2020年深圳市中小学生校园足球比赛中，练昱彤就凭借6场比赛21粒进球荣膺“最佳射手”称号，并帮助球队获得女子组冠军。

64. 2022年7月22日，由教育部体育卫生与艺术教育司指导，全国中小学和高等学校体育教育指导委员会及全国中小学和高校健康教育教学指导委员会主办的“学校体育这10年”线上交流活动顺利举行。教育部体育卫生与艺术教育司、上海市教育委员会、江苏省教育厅、陕西省教育厅、云南省教育厅相关领导，以及全国各地的专家学者、一线教师共同探讨了学校体育改革发展10年的显著成效、主要经验及发展建议。深圳市体育教研员黄镇敏老师受邀作交流发言，介绍深圳各中小学校通过校园足球推动学校体育改革发展的情况。

65. 2022年11月3日至4日，深圳市教育科学研究院分别在宝安区荣根学校和龙岗区水晶城小学举办“深圳校园足球总结研讨活动”，深圳市、区体育教研员，全国青少年校园足球特色学校代表和有关专家共100多人参加。

66. 2022年12月20日，广东省“省长杯”青少年校园足球联赛（高中组、中职组）全省总决赛高中男子组决赛在广东省梅州市五华县举行，翠园中学获得亚军。

67. 2022年12月28日，广东省“省长杯”青少年校园足球联赛（高中女子组）全省总决赛在广东省梅州市五华县落下帷幕，龙岗区平冈中学获得第四名。

68. 2023年4月11—13日，深圳市中小学生校园足球班级比赛在罗湖区举行。

69. 2023年4月12日，广东省教育厅组织“走基层——中央媒体调研采访学校体育工作”，人民日报社、新华社、中央电视台、中国教育报、中国教育电视台等10多家中央媒体走进深圳市各中小学校深入调研深圳校园足球改革试验的经验与成效。

70. 2023年10月12日至13日，广东省教育厅主办、广东省教育研究院承办的“广东省校园足球送教下基层和宣讲暨学校体育高质量发展研讨活动”在广东省阳山县黄埔学校举行，深圳市承担本次活动的授课与宣讲任务。深圳中学陈凯和大鹏中心小学张志风分别上了两堂公开课，深圳市体育教研员黄镇敏、马志斌和坪山区教研员杨进分别作了专题讲座。

71. 2023年12月8日，深圳市教育局印发《关于义务教育阶段学校实行每天一节体育课的通知》，要求深圳义务教育阶段所有公、民办学校，从2024年春季学期开始实行每天一节体育课。

72. 2024年4月8—11日，2024年深圳市中小学生校园足球班级比赛在罗湖区粤海体育公园举行。

73. 2024年7月6—7日，广东省教育厅组织“全国青少年校园足球特色学校省级抽查复核”，省厅专家组对福田区下沙小学、皇岗小学、罗湖区锦田小学、翠园初级中学、文华学校、深圳市第二实验学校等6所学校进行了抽查复核。

74. 2024年7月19日，2024年广东省中小学生足球锦标赛小学男子甲组比赛决赛在珠海市金湾区平沙镇索卡体育训练基地举行。本次比赛共有来自广东省10个城市的18支代表队伍参赛，代表深圳出战的深圳市南山外国语学校（集团）小学精英足球队，以5∶0的大比分战胜来自湛江的吴川市塘墩中心小学队，夺得冠军。

75. 2024 年 10 月 24 日至 25 日，由中国教育科学研究院主办，重庆市教育科学研究院、重庆市南岸区教育委员会承办的“中国教育科学研究院实验区（校）校园足球健康持续高质量发展展示活动”在重庆市南岸区珊瑚鲁能小学校举行。深圳市南山外国语学校（集团）科华学校彭思洲老师进行了一堂足球公开课展示。

76. 2024 年 11 月 1 日，中央电视台新闻频道《新闻直播间》栏目报道深圳市南山外国语学校（集团）科苑小学校园足球“班超”联赛的情况。